高齢者の孤独

25人の高齢者が孤独について語る

ビアギト・マスン&ピーダ・オーレスン❖編
ヘンレク・ビェアアグラウ❖写真
石黒 暢❖訳

新評論

はじめに

　古くから知られていることではありますが、人間は、他人との関わりのなかで調和して生きていかなければなりません。それは、神がエデンの園にアダムをつくってからすぐに、1人きりでいることはよくないからもう1人つくろうとしたことからも分かります。しかし、人間がうまく調和できる相手を見つけることは必ずしも容易なことではなく、アダムとエヴァの時代のように肋骨をとって自分のパートナーをつくることもできません。ですから私達は、自ら他人との関係を築いていかなければならないのです。聖書は、それを知っていました。「ハーヴァマール（Havamal）」、つまり「高き者の言葉」[1]に「人は人の喜びなり」と書かれていることからも、昔の北欧人がそのことをよく知っていたことがうかがえます。

---

(1) 古ノルド語で書かれた『古エッダ』に収められた最高神オージンが歌ったとされる詩篇。

私達もそのことをよく知っていますが、どうやら、時々心に思い起こす必要があるようです。なぜなら、孤独感は高齢者だけに関係するものではなく、一生を通じてつきまとうものだからです。

これまでクローウ出版が刊行してきた「悲しみと喪失のシリーズ (serie om sorg og savn)」は、困難な状況に置かれた人間の人生と可能性について大きな議論を引き起こしてきた価値ある出版物です。本書もそのシリーズのうちの１冊ですが、今回は「孤独」という、非常に捉えにくいテーマを取り上げました。病気や死と異なり、孤独の辛さは他人には理解しにくいものです。定義することさえ難しい孤独によって苦しんでいる人に救いの手を差し伸べることは容易なことではありませんし、その人が街角に立って自分の苦しみについて叫ぶわけでもないでしょうから外部から分かるわけがありません。だから、本書のように、孤独な人が自らの孤独について語る機会を設けることには意味があると思います。

EGV基金(2)と老年学研究所(3)は、つい先日、友愛訪問(4)が高齢者の孤独感を解消できるかどうかに関する調査を終えました。その結果、幸いなことに、友愛訪問が孤独感を解消あるいは軽減できるケースが多いことが分かりました。友愛訪問は、ボランティアする側も様々なことが得られる素晴らしい取り組みなのですが、どのボランティア組織においても訪問員のボランティアがなかなか集まらないというのが現状です。

そこで、本書を読むことによって、多くの人々が友愛訪問のボランティア活動をすれば高齢者を助けることができるということに気づいてほしいと願っています。孤独な人を見つけることも、友愛訪問を提供しているボランティア組織を探すことも、決して難しいことではあ

りません。

　EGV 基金は、本書の出版に関わることができてたいへん嬉しく思っています。そして、本書が、多くの孤独な人のために何らかの貢献ができることを祈っています。

　　　　EGV 基金　代表　セーアン・ドレービュー・クレスチャンスン
　　　　　　　　　　　　　　　　　　（Søren Dræby Christiansen）

---

(2) （EGV Fonden）「孤独な高齢者を守る基金（Ensomme Gamles Værn Fonden）」）という名称の NPO 組織。孤独な高齢者を支援することを目的として1910年に設立された。1986年には、高齢者問題全国連盟（Ældre Sagen）というデンマーク最大の高齢者組織を発足させた。
(3) （Gerontologisk Institut）1989年にデンマーク老年学協会（Dansk Gerontologisk Selskab）によって設立された研究所。老年学、高齢社会に関する研究・調査を幅広く行っている。
(4) ボランティア組織が提供するサービスで、主に独り暮らしの高齢者をボランティアが訪問し、話し相手になったりするもの。

もくじ

はじめに　1
編者による序文　11

◆人生の夜空に輝く星　アナ・ボールスキフテ　15
◆新しい人生　ベント・ピーダスン　29
◆孤独という重荷　エミ・マスン　40
◆ブラインドの羽を数える日々　ケイト・カンボー　46
◆孤独の殻に閉じこもって　ヴィービケ・シェバン　53
◆私を変えた会話　ヘルムト・ニルスン　67
◆強い羞恥心　イーリン・ヴィルヘルムスン　80
◆孤独すぎる日々　ハンス・P・ヒーゼゴー　86
◆暗闇の先には光がある
　　　キアステン・マリーイ・ブーア・オールスン　92
◆部屋の隅々まで知り尽くして　ビアデ・トリーア　100
◆孤独に浸かりたくない　ユデ・リンデンストラム　107
◆自分の気持ちを話すことの大切さ
　　　ユダ・ケーア・ピーダスン　113
◆孤独という概念に関する考察　ルーズ・ラースン　119
◆良好なネットワーク　ランディ・ラースン　127

- ◆**疎外感**　マーギト・ヴィズベア＝クヌスン　　140
- ◆**ペンパルをもつ喜び**　ビアギト・ダンダネル　　148
- ◆**真の孤独**　モーンス・ムラ　　162
- ◆**絶え間なく続く孤独**
　　　　マリーア・アミーリア・ガルシア　　173
- ◆**２人でいることの孤独**　ケイト・リンクヴィスト　　178
- ◆**この世に送り出された人間**
　　　　ユデ・タルブロー・イェンスン　　185
- ◆**新しい深淵**　ケル・エアステズ・サアアンスン　　198
- ◆**周囲に見捨てられて**　リスベト・ノアダム　　207
- ◆**自然に力はわいてこない**　イーゼル・ニルスン　　217
- ◆**厭世家**（えんせいか）　プレーベン・エルメロン・ラースン　　226
- ◆**しっかりしろ、クヴィスト夫人！**　ビアデ・クヴィスト　　231

編者あとがき　　236
訳者あとがき　　239

Birgit MADSEN and Peter OLESEN
ÆLDRE OM ENSOMHED
25 ældre skriver om at være ensom

Photos by Henrik BJERREGRAV

© KROGHS FORLAG

This book is published in Japan
by arrangement with KROGHS FORLAG A/S
through le Bureau des Copyrights Français, Tokyo.

高齢者の孤独――25人の高齢者が孤独について語る

編者による序文

　多くの人々が、人生のなかでいつか独りぼっちになったり、孤独を感じたりすることでしょう。子どもの頃に、周りの友達に遊んでもらえず独りぼっちになることもあるでしょうし、若い頃に友人がいなくて辛い思いをする人がいるかもしれません。あるいは、年をとってからある出来事に傷つけられて独りぼっちで孤立してしまう人もいるでしょう。

　編集者である私達は、今が自分にとって人生で最良の時期だと思っています。幸いにも、こなさなければならない仕事がたくさんあって忙しく、目まぐるしい日々が続いています。それがゆえに、ゆっくり立ち止まって考える時間があまりありません。しかし私達にも、孤独がいつの日か突然、予告なく、そして準備する暇もないうちに訪れるかもしれないということを十分承知しています。なぜなら、本書が、孤独の原因は非常に多様だということと、そして孤独感を胸に抱いたまま眠りにつく人がどれほど多いかということを教えてくれたからです。

　自分の孤独感を他人にオープンに話すことは、あまり気持ちのいい

ことではないでしょう。どんな原因による孤独感であれ、それは決して嬉しいことではありません。

　私達は、「悲しみと喪失のシリーズ」を何冊も世に送り出してきました。本書は、シリーズの11冊目にあたります。しかし、今回ほど書き手を探すのが難しかったことはありませんでした。知り合いに頼んでもなかなか見つからなかったので、様々な雑誌、医者、牧師に頼んで書いてくれる人を募りました。またそれ以外にも、赤十字の友愛訪問サービスにもお願いしたり、コペンハーゲン・ラジオ局やシニア・ラジオ局にも呼び掛けてもらいました。特に、コペンハーゲン・ラジオ局の「コペンハーゲン・ラジオ４の朝（Formiddag på 4'eren）」という番組で呼び掛けてもらった時には反応が大きく、多くの人々が応募してくれました。そして、書いていただいた文章を見てみると、皆さん多様な事情をかかえていることが分かりました。

「我が家のリビングルームでじっと座って過ごすことが多い私は、部屋の隅々まで何があるのかを知り尽くしてしまっています」
「私は、自分の部屋のブラインドの羽を数え始めました」
「１人で食事をつくるのも孤独ですが、それを１人で食べるというのもそれ以上に孤独なものです。２人で食べる時とはまったく違う味がしました」
「ベッドをきれいに整えなくてもそれを期待している人がいないので、まったく無頓着になりました」

　孤独には、多くの顔が存在します。身体的な障害によってあまり動けなくなり、それによって孤独になることもあります。つまり、物理的に孤立してしまうのです。また、離婚をしたことで苦々しい思いで

心がいっぱいになって孤独を感じることもありますし、見捨てられたり無視されたり、見下されたりなど、他人から拒否されることもあります。それ以外にも、羞恥心が背景となる孤独もあります（自分の生き方に対するうしろめたさや、エイズのような難病を恥と思う気持ち）し、喪失や悲しみが孤独につながることもあります。その典型的な例は、配偶者の死を経験した後です。もっと言えば、変えることのできない生活状況やライフスタイルが孤独を生み出すこともありますし、自分の想像力や勇気、そしてあらゆる能力を駆使しても変えることができない長年の習慣が孤独を生み出すこともあります。ひどい場合には、2人でいるのに感じる孤独もあるのです。

　このように、孤独の原因は多様なのです。原因がどうであれ、孤独は多くの人々にとって重圧となり、耐え難いものなのです。それは、第三者である私達が、それを目にしたり、聞いたり、読んだりするだけでも耐えられないほど辛くなるものです。

　それでも、醜い顔をした孤独があちらこちらで姿を見せるこれから始まる25のストーリーを私達が読むことは大切なことだと思います。なぜなら、歯に衣着せない個人の率直な語りから多くのことを学べるからです。傷ついたことやひどい扱いを受けたことをオープンに綴ったもの、そして他人の人生を傷つけた人の実名や本人との関係を明らかにした語りもあります。

　これらの語りから、私達は深い洞察を得ることができます。たぶん、私達自身がこのような状況に陥らないためにはどうすればよいかを学べることでしょう。それでも、いつか突然孤独に陥ってしまうということを完全に回避することはできないでしょう。人生や、その厳しい環境に打ちのめされてしまうかもしれないのです。

自らの困難な状況や経験を私達と分かち合おうと、本書に原稿を寄せてくれた56歳から86歳の著者25人に深い敬意を表したいと思います。本書は、同じような状況にいる多くの人々のためになることは間違いありませんし、一種の鏡のようなものと言えると思います。本書を手に取ってみると、自分の孤独にあてはまる何かが見えるかもしれません。そして、孤独を解消するための新しいアイデアや勇気を得られるかもしれません。本書には、孤独から抜け出し、前に進んでいくための方法もたくさんちりばめられていますし、男性と女性が異なる方法で配偶者の死や離婚に立ち向かっていく様子も見ることができます。それらを読むと、女性より男性のほうが立ち直るのには苦労しているようです。

　本書が出版されるまでには困難をきわめました。おそらく、シリーズのなかで最も苦労した一冊と言えるでしょう。しかし、その苦労の価値は十分あったと思っています。それだけに、本書が多くの人々の役に立つことを願っています。

ビアギト・マスン（Birgit Madsen）
ピーダ・オーレスン（Peter Olesen）

人生の夜空に輝く星

アナ・ボールスキフテ（Anna Boelskifte）
グレンステズ（Grinsted）在住、1917年生まれ

　毎日を忙しく過ごしていた頃は、孤独などは他人事でした。要するに、孤独について考える必要なんてありませんでした。ところが、1977年に入ってからというもの、私の身体がいうことをきかなくなってきたのです。
　私は長い間にわたって、看護助手として7日間夜勤をして7日間休むという勤務体制を続けてきましたが、それが理由で腰を痛めてしまいました。そして、勤務時間を短くすることができなかったため、1978年1月1日に退職することにしました。
　それは奇妙な日でした。制服と鍵を職場に返却した日、同僚達はちょっとした送別会を開いてくれました。最後のほうは仕事を休みがちだった私ですが、27年間の感謝の気持ちをみんなに伝えることができました。そして、本当に最後だと思いながら悲しい気持ちでドアを閉めました。その瞬間、楽しい職場での思い出は誰も奪うことのできない私の宝物となりました。
　こうして、私の人生の新しい章が始まりました。私は素晴らしい家族に恵まれており、夫と4人の子どもがおり、それぞれの子どもには

伴侶がいます。今では、5人の孫、3人のひ孫もいます。私は、自分の家族を愛していますし、家族が何よりも大切だと思っています。家庭とは、家族一人ひとりが安心して暮らし、つながりを感じることができる基盤であり、日常生活を切り抜けていくためのエネルギーを補給する場なのです。

　同時に私は、家庭の外の世界に参加することができてうれしく思っています。先に述べたように、私は病院で看護助手として働いてきました。人と関わる仕事をすること、そして病気や死が人を苦しめる時に人がどのように反応するかを自分の目で見ることは、私にとっては学びであり、素晴らしい経験でした。病気に苦しむ人々が直面した人生の厳しい現実、そしてそれが理由で、その人の家族全体の状況が一変するのをこれまで見てきました。

　今度は、私が新しい時代に直面してしまったのです。私は年金受給者で、もはや看護助手ではありません。子ども達はみな巣立ってしまい、自営の建具屋店に接している大きな家に夫と私だけが残されました。私達は、老後を長く快適に過ごせるようにと家を建てました。つまり、すでに人生計画を立てていたわけです。家は満足のいくものができあがり、毎日を快適に過ごしていました。だから私は、「年金受給者になっても太陽はまだこんなに輝いているわ！」と思っていました。

　それから半年がたち、夫の体調が悪化してきました。ほどなくして、生活を変えていかなければならないことを悟りました。とはいえ、その頃の私は、夫も仕事によって身体を痛めたのだとばかり思っていました。建具屋の仕事も看護助手と同様に重労働だったからです。しかし、夫は薬を飲んでも、何度手術をしても治らない重い病気に侵されていたことが分かりました。

切り取られた喜びの翼

　夫は、デンマーク北部のヴェンスュセル（Vendsyssel）にある小さな漁村に戻りたいと考えるようになりました。そこは、1940年に私達が最初の家を建てた町でした。私はあまり気乗りがしなかったのですが、そこに小さな家を買い、ある春の朝、2人で北の地へと出発しました——どのような未来が待っているのかと不安に思いながら。

　何もかもが、夢のなかのことのように現実味がありませんでした。私達は約40年間にわたってユトランド半島中部に住んでいたので、私のルーツはそこにしっかりと根付いてしまっていたのです。そこは私の故郷であり、知人、友人、家族はみんなそこに住んでいました。そして、長年の間、教会の仲間とも深いつながりをもっており、そのつながりは私達にとって大きな意味をもっていました。この教会の仲間と別れることはあまりにも辛いことでした。しかし、夫は北海が大好きだったので、何とかなるだろうと思っていました。

　世の中はものすごい速さで変化するものです。40年以上たって、その漁村は人気の観光地と化していました。そこに住んでいる住民は、以前とはまったく異なったタイプの人々でした。また、180m² の家から60m² の家に移ることも私達にとっては大きな変化でした。その結果、若い頃のように広大な海岸を夫と一緒にゆっくりと散歩をする気にはなれませんでした。若い頃は、ドイツ軍が道を閉鎖していない限り、海岸で長い時間を過ごしたものです。

　大きな木を植え替えると、その木が再び新しい場所で根付くまでに

---

(1) ユトランド半島西海岸に面している。
(2) 第2次世界大戦中にデンマークはドイツ軍に占領されていた。

18　高齢者の孤独——25人の高齢者が孤独について語る

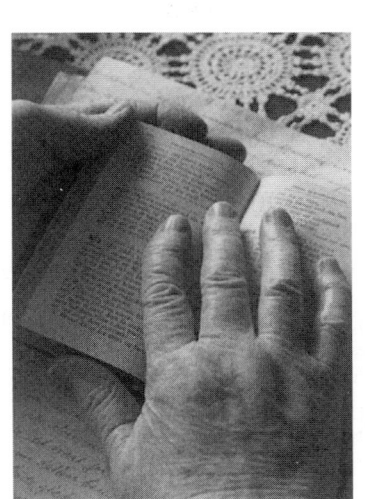 

は時間がかかります。私の当時の状況はそれと同じようなものでした。長年をかけて築いてきた私の人間関係、そして生活を喜びで満たしてくれた人々から約300kmも離れた所に行ってしまったのです。私はうつ状態になり、それと同時に、身体的な痛みも強く感じるようになってきました。まるで、先から差し込む光さえ見えない暗いトンネルのなかに入っていくようでした。

　私の人生の夜空に輝くはずの星は隠れてしまったのです。それは、言葉では言い表せないほど辛い状態でした。もちろん、暗やみに立ち向かうエネルギーもありませんでした。さらに悪いことに、私は以前聞いた牧師の言葉を思い出してしまったのです。
　「キリスト教徒がうつ状態になるのは恥ずかしいことだ」という言葉を。
　この言葉は、私の心の暗やみをさらに深くし、私は強い罪悪感を抱くようになりました。こうして、私は薬でも治すことができない孤独の辛さを知ったのです。
　私は暗やみから引きずり出してくれる誰かの手を探し求めましたが、私の辛さを理解してくれる人はどこにもいませんでした。「あなたの考え方次第でどうにでもなる」と善意で言う人もいましたが、どうしようもありませんでした。うつは自分だけで対処しなければならない問題で、うつと孤独という敵に襲われると、その後にはたいへん厳しい闘いが待ち受けているのです。人生を通じて信仰は私の生きる力となってきましたが、この暗やみのなかでは、自分が神と人間の双方に置き去りにされたように感じました。
　とても長い1年という時がたちました。夫は私を健康な人間に戻すために、私が恋しく思っている故郷へ連れ戻さなければならないことをやっと悟りました。うつが家族を襲うと、その影響は家族全員に及

び、喜びの翼の羽は切り取られてしまうのです。

〜 心の回復 〜

　私達はユトランド半島中部の故郷に帰り、適当なアパートを手に入れました。そこに戻ることが確実になって私は心のなかに喜びの新芽がめばえてくるのを感じ、明るい未来への希望が少しずつ見えてきました。以前のような、調和のとれた毎日が戻ってきたのです。家族はとても優しく接してくれ、私を気遣い、愛情をもって寄り添ってくれました。

　私はゆっくりとトンネルから（むしろ、「牢獄から」と言ったほうがよいでしょう）抜け出すことができました。つまり、鳥のさえずりに喜びを感じることができる日が戻ってきたのです。夏がやって来て、私の心のなかにも夏が来ました。木々は枝をなびかせて、まるで「自由の世界にようこそ」と言っているかのようでした。喜びの花が開花し、私達の家と人生に根付き始めたのです。

　それまでのすべてのことは悪い夢のように感じられました。後でゆっくりと考えると、すべては仕事を辞めた時から始まっていたように思われます。あの時に、私は価値のない人間であるという考え方が頭のなかに忍び込んできたのです。それは危険な考え方であり、悲観的な思考パターンを形成してしまいます。人生という学校において私達は多くのことを学びますが、とりわけ、自己価値感の低下に隠れて孤独感が忍び寄ってこないように気をつけなければならないということは重要な教訓となります。

　孤独とは、頑強な根と鋭いトゲをもった丈夫な植物のようなもので

す。その孤独が人を死に追いやってしまうこともあるのです。だから私達は、孤独な人達のサインを深刻に受け止め、できる限り助けなければならないのです。

次のような逸話があります。

イングランドの詩人であるルパート・ブルック（Rupert Brooke）[3]がニューヨークまで船で渡る時、周りを見渡すと、彼以外の乗客には見送りに来ている家族や友人がおり、埠頭で手を振っていることに気づきました。見送ってくれる人がいなかった彼は急いで船を下りて、小さな男の子に小銭をやって彼に向かって手を振ってくれるように頼みました。その後、ブルックはハンカチを持って手を振ってくれた少年を決して忘れなかったと言います。

少年は、彼の孤独感を解消してくれたのです。私達が日常で出会う人々のなかにも、手を振ってもらうこと、微笑んでもらうこと、手を差し伸べてもらうことを求めている人がたくさんいます。みんなで、そのような孤独な人々を支えなければなりません。

私自身の話に戻りましょう。私は様々な趣味の講座に参加するようになりました。参加すると、自分が置かれた状況を忘れてしまいます。そうして気づいたのは、問題に対処するにはそれを書いて表せばよいということでした。ボールペンは、夜の暗闇のなかで私が文章を書く際に活躍する道具の一つとなっています。自分のためにしていることですが、多くの孤独な人々が、1通の手紙が届くと喜びで灰色の日々に光が差し込んでくるようだと言ってくれます。私達は、人生の辛い場面で互いに助け合うことをもっと心がけなければなりません。

老後の生活の始まりは混乱に満ちたものでした。それを乗り越えてこそ明るい未来が待っている、と私達は考えていました。

人生と死について話す

　ところが、夫の病気は悪化する一方でした。医者に行ったある日のこと、夫の病気がガンであること、そして病気がどれだけ進行しているかの判断すら難しいということを告げられました。私達は、座って「人生」と「死」について静かに話し合いました。ある詩人が書いた「毎日がかけがえのない贈り物です」という言葉が身に迫ってくるような思いでした。

　夫は数年間にわたって手術を繰り返し、放射線療法を受けたり、強い鎮痛剤を使用したりという苦しい時を過ごしました。夫には、穏やかな気持ちでゆっくりと休むことが必要でした。まるで、無力感にさいなまれながら数週間も続く1回の長い長い勤務をこなし、それを際限なく繰り返しているようでした。そして私は、長い時間、孤独感を感じていました。

　その頃、地方のラジオ局で「私の窓から」という番組を週1回30分間担当することになりました。番組担当の若いスタッフと一緒に仕事をすることはとてもよい経験でした。時間があれば、一緒にコーヒーを飲んで話をしたりもしました。

　夫が病気だというのにラジオ番組などよくやれるものだ、とスタッフの誰かに思われていたかもしれませんが、実際、ラジオ番組への出演は私にとっては癒しでした。家で番組の内容を考え、収録時間の45分間のみラジオ局に行って仕事を済ませました。ラジオ番組に関わるということは、私が辛い状況に立ち向かうための一つの手段でした。

---

(3) 原文では"Robert Brooke"となっていたが、調べたところ、該当の詩人は表記のような名前であることが判明したので訂正して掲載している。

夫の体調がよくなると、私達はいつもと変わりない生活を送りました。最後に一緒に行ったのは旧ユーゴスラビアへの旅行で、毎日、アドリア海の静かにきらめく海を眺めて過ごしました。海が一瞬のうちに変化し、荒々しく泡立つ波が浜に打ち寄せるさまも目にしました。
　よく、2人で夕陽が沈むのを眺めました。本当に美しい光景でした。静寂のなかで様々な思いが頭のなかを駆け巡り、私達の人生の夕陽が沈むまで間もないことを感じました。私は、人生の日没が、旧ユーゴスラビアの暖かい夏の夜に何度も見た夕陽のように美しいものになるように祈りました。
　ある日、医者に行くと、主治医が夫に言いました。
「必要な手はすべて尽くしました。今度は、肝臓に転移しています。あとは、一日一日を大切に生きることに集中しましょう」

　私達は、義理の息子の50歳の誕生日を祝うために出かけました。晴れやかな気分にはなれませんでしたが、みんなと一緒に楽しく過ごしました。息子達は父親を砂丘のてっぺんに連れていき、私達は荒々しい波で泡立つ北海を最後に眺めました。夫の人生も、『嵐が丘』のようなドラマティックな時を迎えようとしていました。
　私は、できる限り夫を家で看病したいと申し出ました。しかし、夫の力は毎日弱っていく一方でした。その頃、東西ドイツを隔てていたベルリンの壁が崩壊しました。不可能と思われていたことが世界中の人々の目の前で起こったのです。
　私達は、クリスマスが過ぎるとナーシングホームのショートステイ(4)を利用することにしました。私の負担が少し軽くなりましたが、夫が亡くなるまで私はずっとそばにいました。
　夫が亡くなったのは1990年1月31日でした。死は都合のよいタイミ

ングではやって来ないものですが、誰にでも訪れるものです。そして、いつも途方もない空虚感と喪失感を残していきます。その頃、私は次のような詩を書いていました。

> 痛みをよく知っていると思っていた
> 人生の曲がりくねった道で味わってきたから
> でも、病気と死が近づくと
> 私は苦しくなる──そして、恐怖感が襲ってくる
>
> 私の心が叫ぶ──こんなこと耐えられないと
> 心の闇がいっそう深くなる
> 石畳の道を導かれているようだ
> 私の意志は意味をもたない
>
> 喜びに心を開く勇気があるのか、模索しつつ尋ねる
> 自分が忘れ去られてしまったときに
> 人生の最終目的地を待ち焦がれる
> その喜びは大きい
> 私達の魂が天に召されるとき
>
> 私達が家庭をもったとき、一つの星に光が灯った
> その喜びは心を満たす
> その道は楽ではないが、喜びが待っているだろう
> 人生のつむじ風の裏側に

---

(4) 要介護の高齢者のための居住施設。現在、デンマークでは原則的にすべてのナーシングホームが高齢者住宅や介護型住宅に改築されている。

子ども達はあらゆる手続きや雑務を引き受けてくれ、父親にきちんと別れを言えるように手配してくれました。夫が埋葬された日の天気はみんなが覚えています。墓地に立っている間、嵐のように風が吹き、雪、雨、あられが私達の顔を打ち付けました。まるで、風が悲しみのシンフォニーを奏でているかのようでした。あまりの悪天候のために、準備していた美しい花は台無しになってしまいました。夫の死は厳しく残酷なものでした。私達は前へと進んでいくために、家族として支え合っていかなければならないと思いました。

　何事もなかったように、時も人生も止まることなく続いていきました。私は、1人で進んでいかなければなりませんでした。孤独感が押し寄せてきました。食事をするのも、旅行をするのも、1人だったのです。特に孤独を感じたのは、多くの人々が集まる場に招待された時でした。私は、周囲の世界から離れて家に1人でいることを好みました。たいていの人は、夫を亡くした女性に何と言ったらよいのかが分からないようでした。

　葬儀の2週間後、デンマーク・ラジオ局の生放送番組に出ることが決まっていたので、多くの人の前に出ることを余儀なくされました。マイクの前に座り、デンマーク全土に自分の声が届くことを考えると、自分自身のことを忘れなければなりませんでした。番組はうまくいったと思います。しかし、家に帰るとそれまで以上の孤独感を強く感じました。家には、誰も座っていない椅子しかありませんでした。私はペンを手に取り、自分の感情を書き出しました。そうすると、気が楽になりました。

　約1か月後、友人の1人が私に尋ねました。
「イスラエルに一緒に行かない？」

私は、深く考えずに「行く」と返事をしました。仲のよい友達と一緒に旅行するのは楽しいでしょうし、イスラエルという美しい場所にもう一度行きたいと思ったからです。私は、息を吹き返しました。

　旅行から帰ってくると、焼き立てのフランスパンが半分、ドアのところにかかっていました。素晴らしい友は、言葉を交わさなくても分かってくれるのです。このような辛い状況を、私は力強い家族と素晴らしい友人のおかげで乗り切ることができました。私の人生の太陽は沈みつつありますが、彼らは、私の夜空の星に明かりを灯してくれたのです。

　私は、次第に普通に生活できるようになってきました。数年前から、病院で週３回、歌を歌うボランティアを続けています。そして、ナーシングホームで朗読のボランティアをすることもあります。

　講演会で、自分の人生について、とりわけ「就業終了時刻後の人生」について話をすることもあります。また、私の話すテーマの一つに「道端に咲く花」というものがあります。これはとてもよいテーマだと思っているのですが、内容は、自分達の歩く道に咲く花をすべて見落とさないようにしましょうというものです。

　私が強調したいのは人生のプラスの面であり、誰もが時には困難な状況に直面することになるわけですが、人生には明るい面が必ずあるということです。私は、楽しい時がどれだけあるか数えようと心掛けています。実際に、大部分は楽しい時間なのですが……。

　　　機織機がとまり
　　　梭(ひ)がとまったときに
　　　神は初めて織物を取り出し
　　　私達に教えてくれる

模様を織るためには
なぜ、黒い糸が金色の糸と同じくらい必要なのか
神の熟練した手のなかで

新しい人生

ベント・ピーダスン（Bent Pedersen）
ラネ（Rønne）在住、1931年生まれ

「孤独」と一言でいっても様々な形があります。私が1人きりで仕事をしているときの孤独もありますし、仕事がないときの孤独もあります。そして、人と一緒に騒がしくしていても孤独を感じることがあります。いったい人間は、孤独をどういうものだと考えているのでしょうか。

子どもの頃から、私は孤独を感じることがしょっちゅうありました。例えば、遊んでいて、他の子ども達が仲間に入れてくれなかった時には孤独を感じました。その頃、孤独は不快なものでしたが、大人になって結婚をし、妻と子どもをもち、定職を得るようになってからは孤独はまったく違う感覚となり、必ずしも不快なものではなくなりました。たまに家で1人になり、面白い本を読むことはとても楽しいものです。しかし、それが孤独というものなのでしょうか。面白い本を読みながら孤独になれるのでしょうか。

私自身、孤独を何度も味わっています。私は1931年生まれで、戦時中に学校に通っていました。ヴァルビュー（Valby）にあるヴィーアスリウ・アリー学校（Vigerslev Alles Skole）というところでした。

4人きょうだいの一番上で唯一の男だったので、学校ではよい成績をとることを親から要求されました。この時に、最初の孤独感を味わいました。私は計算や数学が苦手でしたが、両親は学校に通ったことがなかったので家で勉強を教えてもらえませんでした。

　私は自分で努力し、卒業後はある職人のところに弟子入りをしました。しかし、それは自分が本当にしたいことではありませんでした。見習いの時期を終えると兵役に就くことになり、ビアゲレズ（Birkerød）のフーヴェルデ（Høvelte）兵舎に行くことになりました。多くの友人に恵まれ、たくさんの経験をした素晴らしい時期でした。そしてその後、私はクロンボー城（Kronborg Slot）にある下士官のための学校に入学しました。

　ここを卒業するとボーンホルム島（Bornholm）に派遣されましたが、私はそこがとても気に入りました。それまでボーンホルム島には行ったことがなく、そこがどのような所でどのような人々が住んでいるかも、どんな歴史があるかもまったく知りませんでした。しかしそれ以来、これらのことを積極的に調べるようになりました。ボーンホルム島でも楽しい仲間に恵まれ、そのうえ素敵な女性との出会いもありました。彼女が看護師学校を卒業すると、私達はコペンハーゲンに引っ越し、結婚して2人の可愛い娘に恵まれました。

　軍隊を脱隊してからは、最初に教育を受けた分野で3年間仕事をしました。しかし、軍隊に長い間いたためにオフィスでじっと座って仕事をするのが苦痛になってきて仕事を辞め、1957年にコペンハーゲンの警察署の職に移りました。ヴェスタブロー（Vesterbro）地区のスヴェンスゲーゼ交番（Svendsgades Politistation）で1957年8月1日から働き始めましたが、気の合う同僚と個性的な住民に囲まれて楽しく仕事をすることができました。今振り返ってみると、軍隊に入った

後は孤独感を感じることがなかったと思います。

　1963年の初め、コペンハーゲンの教育環境が悪化してきました。そこで、娘達の通学を考慮してボーンホルム島に引っ越すことにしました。当時、コペンハーゲンや私達が住んでいた郊外の町ブランビュウスタ（Brøndbyøster）ではハッシュなどの薬物が蔓延していましたが、ボーンホルム島ではそのようなことがなく、安心して学校に行かせることができたからです。

　それ以来、ボーンホルム島に定住し、仕事もずっと島で見つけてきました。生活は快適で、たくさんの友人に恵まれ、素晴らしい経験をたくさんしました。私達4人はみんな期待通りの生活で島になじみ、娘達は楽しく調和のとれた学校生活を送ることができ、何の問題もありませんでした。ボーンホルム生まれの妻より私のほうがボーンホルム人であることを強く感じることがあったぐらいです。黄金の60年代という当時の時代が私達の味方をして、インフレによって短期間にみんなが裕福になりました。

厳しい病気の時期

　1978年に、妻が乳がんの診断を受けました。それは、私達に大きな暗い影を落とした出来事でした。看護師の妻は事態の深刻さを認識していました。

　娘達はすでに家を出てコペンハーゲンの大学に行っていたため、私達は毎日2人きりで希望のもてない未来に思いをめぐらせていました。しかし、そのようなことは誰にも話しませんでした。私達はある意味では孤独でしたが、それでも2人一緒でした。しかし、2人の間で交

32　高齢者の孤独——25人の高齢者が孤独について語る

新しい人生　33

わす会話から明るい面や慰めを得ることはなかなかできませんでした。

　妻は乳がんの手術をして放射線療法を受けましたが、それによって妻と私の距離が遠くなっていくのを感じました。そして、あるときから私は毎日孤独を感じるようになりました。治療はコペンハーゲンの病院で行うことになり、月に１度抗がん剤療法に通いました。搬送車が家まで迎えに来て、空港からは飛行機でコペンハーゲンまで行き、治療を受けてその日のうち、あるいは次の日に帰宅しました。帰宅後は、まる１日横になって休まないと普通の生活ができない状態でした。

　よく知られていることだと思いますが、抗がん剤療法はたいへん負担のかかる治療法です。患者がそれをどうやって乗り越えていくかは、人によって違うと思います。私達の場合は、妻がコペンハーゲンで抗がん剤療法を受けて帰ってくると私が空港まで迎えに行き、車に乗せて、妻が思いきり嘔吐できるように森に連れていきました。吐くだけ吐いてから家に帰り、妻はベッドに横になっていました。

　どんな時でも、私達は互いに協力して毎日を過ごしていたので孤独感はありませんでした。考えなければならないことがたくさんありすぎたのです。１年ほど続く化学療法を合計４回受けましたが、治療と治療の間隔は、その効果によって長い時もあれば短い時もありました。

　こののち、多少私達は楽観的に考えられるようになり、1986年の夏、ギリシャのコス島まで一緒に旅行に行くことにしました。私は、出発の日に妻を職場まで迎えに行った時のことを今でも覚えています。そう、妻は闘病中もずっと仕事を続けていたのです。職場の更衣室を出て、車のほうに向かっている時に妻は急に倒れました。救急病棟に運び込まれ、そこで分かったのは、妻の血液のヘモグロビン値が限りなく「０」に近いということでした。ボーンホルム中央病院に搬送され、２日後にボーンホルム島のレネ（Rønne）からコペンハーゲンの病院

に飛行機で運ばれ、再び入院しました。

　結局、コス島にもどこにも行くことができず、病院から家までの帰り道は、残念なことに棺のなかということになりました。妻は、1986年6月8日、55歳の若さで亡くなりました。

　家族全員が大きなショックを受けました。闘病生活は長かったものの、きっといつかは回復するだろうと楽観的に考えていたからです。しかし、そのようにはなりませんでした。

　最後の1日を、私は病室でずっと妻とともに過ごしました。そのおかげで、私達は互いに別れの言葉を交わすことができましたが、それはとても辛い1日でした。夜明けに、妻は亡くなりました。

　その日、私は娘達と一緒にウダスリウ沼（Utterslev Mose）に行き、かなり長い間歩き続けました。そうして私達は、未来がやって来る足跡に耳をすませました。

取り残される

　妻の発病以来、私が孤独感を感じたのは、この娘達との散歩の時が初めてだったと思います。私は置き去りにされ、取り残された気がしていました。このような感情は、その後も長い間持ち続けていました。

　今でも、妻の墓に行くと孤独感を感じます。墓に行くと私は妻に話しかけ、私を残して孤独にさせたことを責めてしまいます。娘はいるのですが、娘にも家族がいるのでこのような老いぼれにかまう暇などありませんし、またそうすべきでもないと思います。人生とはこのようなものです――とはいえ、見捨てられたという感情は拭えません。

　妻と結婚してから29年がたちましたが、突然、毎日の生活を自分1

人でこなさなければならなくなったため、どうすればよいか分からないことばかりでした。妻がいた頃には食事のことを考える必要がありませんでしたが、これからは自分ですべてをしなければなりません。失敗を繰り返してたくさんの食材をだめにしましたが、やっと満足のいく食事がつくれるようになりました。

　1人で食事をつくるのも孤独ですが、それを1人で食べるというのもそれ以上に孤独なものです。2人で食べる時とはまったく違う味がしました。そのほかの家事も私の苦手とするところで、しなければならないことをつい先延ばしにしてしまいます。

　妻の死後しばらくは、妻と共通の友人や同僚、そして家族が時々立ち寄ってくれておしゃべりをしてくれましたが、それで孤独が解消されるということはほとんどありませんでした。逆に、彼らが帰ってしまうと孤独がいっそう強く感じられました。

　訪問客は少しずつ減っていき、そのうち誰も来なくなりました。うつ状態の私と一緒にいることに耐えられなくなったのでしょう。数年たった今、私はやっとそれを理解できるようになりました。

　最初、私は仕事に全エネルギーを注ぎ込んで日常生活を忘れようとしました。仕事中はドアを閉めて完全に1人になることができたので、仕事に没頭できました。休日はドライブやサイクリングをしたり、犬と長い散歩に出かけたりしました。自宅には庭と温室があるので、やるべきことはたくさんありました。

前に進む

　その後の生活は、少し辛く感じられました。生活上で決めなければ

ならないことがたくさんあり、しなければならないことや学ばなければならないこともたくさんありました。私は、突然、時間をもてあますようになりました。1人だと、あまり関心ないことはわざわざしなくなったのです。

　数年前から改めて学校に通うようになっていたので、勉強に力を入れようと決めました。夜間学校で、高等教育進学予備課程に通っていました。それに、学校に通うことで自分の勉強にもなりました。

　もちろん、義務教育ではなく自主的に受講しているものなので、かなり熱心に取り組みました。クラスメートの年齢層は広く、17～18歳から70歳代の人までいました。大人の生徒の多くは、授業を受けるだけで最終試験は受けないと言っていました。私は最終試験をすべて受験し、そしてよい結果が出ました。それが、これまでよく頑張った自分へのご褒美になりましたし、日常生活がより充実したものになりました。

　私は、仕事上でもプライベートでも、組合や組織の活動に関わるようになりました。パソコンも、仕事を通じて何でもかじっていって、とても面白いと思っていました。しかし、ただ面白いからパソコンで遊ぶのではなく、使い方をしっかりとマスターしたいと思いました。なぜなら、私がやっと一つのシステムを習得したかと思うと、すぐにもっと複雑で大きなシステムと入れ替えられ、学ぶことには際限がなかったからです。

　私はもう年金を受け取る年齢に達していましたが、自分のパソコンを買うのと同時にパソコンのクラスをいくつもとり、そこで基礎的なことは習得しました。それから、さらに上級のコースをとり、最後にはかなりのことができるようになりました。

　あらゆるコンピュータの周辺機器を買い揃えて、私はデンマーク中

の親戚に連絡をとり始めました。まもなく、従兄弟の1人が住んでいるクック諸島(1)と連絡がとれるようになりました。連絡をとりあった人の個人的な情報や写真を送ってもらい、系譜づくりを始めました。系譜というよりは家系図と言ったほうがよいかもしれません。

　いずれにせよ、これらの作業は非常に楽しかったです。作成した家系図の一部はインターネットで公開し、そこに掲載されている人は自分で情報が引き出せるようになっています。

　とはいえ、まだ完全にパソコンをマスターしたわけではありません。しかし、幸いにもパソコンを教えている妹がいるので彼女に教えてもらっています。

　インターネットで公開した家系図の情報や写真を収集するのにこれまで2年以上かかりましたが、まだまだ情報の足りないところがたくさんあります。ですから、現在、私は孤独を感じる時間がありません。もし、日々の生活のなかで時間が余ってしまっても、私には4本足の可愛い友達がいます。愛犬は、喜んで散歩に付き合ってくれるのです。

　多くの場合、私は夜にパソコンの作業をするのですが、もし夜に時間が余れば切手の整理をします。山ほどある切手の汚れを落とし、分類してアルバムに貼るのです。

　それから、数年前に趣味が一つ増えました。船の模型、帆船やモーター船をつくるクラブに入ったのです。これまでに、3基の帆船と6基のモーター船を組み立てました。どの船にも遠隔操作ができる装置が組み込まれており、実物の船をそっくりそのまま模したものとなっています。また、クラブにはクラブハウスもあり、そこにメンバーが集まっては船を組み立てる際の問題点などについて話し合っています。

　年金生活をするようになってから11年以上が過ぎました。自分は孤

独だ、と主張すれば私はいやな人間だと思われるでしょうね。私は、可愛い犬と一緒に住んでいる独り者です。しかし、それを受け入れることができるようになりました。愛犬はいつもお利口さんで、私が帰ってくると飛んできます。それに、「何をしていたの？」と説明を求められることもありません。

　それからもう一つ。私は本の虫で、図書館でたくさんの本を借りたり、購入したりしています。その証拠に、読書クラブにも入っています。メンバーが10人いるのですが、みんな高等教育進学予備課程に通っていた時のクラスメートで、毎月第3木曜日に集まって、デンマーク語の先生と一緒にいろいろな作家の作品を読んでいます。

　孤独とは恐ろしいものですが、妻の死後に出会った多くの友人達のおかげで、もはや孤独を感じることがほとんどなくなりました。それでも、いまだに妻に置き去りにされたという感覚は拭えません。しかし、一緒に生きた日々やそのなかで得た経験はかけがえのないものです。感謝の気持ちでいっぱいです。

---

(1) ニュージーランドの北東約3,000km。フィジーとタヒチの間に位置し、15の島々からなる。日本はクック諸島を国として承認しておらず、ニュージーランド領の地域として扱っている。

孤独という重荷

エミ・マスン（Emmy Madsen）
ヴァルビュー（Valby）在住、1925年生まれ

　孤独感と年齢は必ずしも正比例しませんが、高齢者というものは、若い人々の元気な世界を眺めると孤独をより強く感じるものです。プライベートなことをまぎらわしていた仕事がなくなり、一人で考え事ばかりをするような時には特に孤独を感じます。

　私は内心強い孤独感を感じていますが、周りの友人達に同じ感覚をもつ人はあまりいません。これまでどのように働いてきたか、もちろん人によって違いますが、それがのちの人生に大きな影響を与えることになります。

　私は、6人きょうだいという大家族のなかで生まれ育ちました。両親は自営業をしており、経済的に余裕があったので安心して暮らすことができました。両親はいつも近くにいてくれましたが、私達家族は、2、3年おきに引っ越しをしなければならなかったのです。

　きょうだいはそれぞれみんな違う土地で生まれ、私達はデンマーク中のたくさんの場所を知ることになりました。一番下の弟と私はスレーイェルセ（Slagelse）で比較的長い時間を過ごし、私はそこに住んでいる時に学校を卒業して結婚しました。21歳ですでに2人の子ども

がいました。両親達と一緒に住んでいる生活から、自分の家族との家庭生活へと移行したわけです。

　若い頃はきょうだいと過ごすことが多く、あまり友達はいませんでした。夫と私は、1962年に自営業を始めました。クリスマス、新年、日曜日、祝日など、ほかの人が休んでいる時に私達は働いていました。その頃は楽しい時期で、私達は仕事を通してたくさんの人々と知り合うことができました。その後、35歳と40歳の時に子どもを産みました。たいへん長い年月を育児に費やしたわけですが、年齢のことはまったく考えませんでした。

　1983年、夫が長く辛い闘病生活の末に亡くなりました。私は、店の素晴らしいスタッフとともに67歳になるまで働き続けました。その後、難しい選択を迫られることになり、結局、店をたたむことにしました。私はまだまだ働ける状態でしたが、家の改築をしなければならなかったし、それには年をとりすぎていました。

　仕事を辞めると決めた日から、自分が主要道路から外れて脇道に入ってしまったように感じ始めました。関節に障害をもつようになり、人工関節手術を受け、また両膝に骨関節炎を患うようになりました。つまり、私は人に依存せざるをえなくなってしまい、車に乗せてもらわなければ移動することもできなくなりました。

　私には自由がありましたが、責任の伴わない自由に価値はありません。することがないというわけではありませんが、自分の置かれた環境に対して責任や役割をまったくもてないのです。例えば、私が起きずにベッドでずっと横になっていてもそれに気づく人はいません。ベッドをきれいに整えなくてもそれを期待している人がいないので、まったく無頓着になりました。そう、私には責任や役割がまったくないのです。だから、私が何をしようとまったく意味をもたないのです。

42　高齢者の孤独──25人の高齢者が孤独について語る

孤独という重荷　43

働くことが当り前と考えていましたが、その仕事を辞める時になって初めて、私は自分が老いるということがどういうことかを考えるようになりました。「私達は衰えていくのよ」と、妹は常々私に言っていました。
　高齢者であっても、心のなかには少女の部分をもっているものです。しかし、自分の年齢を変えることはできません。年をとると、多かれ少なかれ体の不調が出てきます。
　私は、幸せな人生を送ってきたと感じています。自分の生き方は自分で選んだものです。現在、私は高齢者住宅に住んでいます。日当たりがよく、大きなバルコニーもあります。みんなとても親切に受け入れてくれましたが、すっかり馴染むまでには時間がかかりそうです。
　私は、福祉制度のなかで十分な支援を受けています。リハビリを受けていますし、体操、移送サービスも受けられます。それに、たくさんの素晴らしい人との出会いもありました。でも、文字通りの「友達」を得ることはもうできません。年をとればとるほど、昔の思い出を共有する人の存在が重要になってきます。
　体操の時間を通じて、同じ場所に40年から60年間も住み続けている多くの人々に出会いました。そんなにも長い間を同じ場所に住んでいたら、たくさんの安心感をもって暮らすことができるでしょう。
　自分が孤独な根なし草であるという感覚が、重荷のようにのしかかり、常に私を苦しめています。そのうえ、下の2人の子どもが夫の死後20年たってゲシュタルト治療[1]にのめりこむようになり、セラピストの助言に従って私との縁を切ると言ってきたのです。彼らの人生との関わりがなくなりました。それは辛いことですが、起こってしまったことを変えることはできません。彼らが求めているものを、いつか得られるように応援することしかできません。

私は、人生を楽しんでいます。ブリッジをするという楽しい仲間との時間もあります。私は不満をもっていませんし、自分を不幸とも思っていません。周囲の方にとても親切にしてもらっています。しかし、私の内面の孤独感を払拭できるかどうかは時のみが知っています。

---

(1) フレデリック・S・パールズ博士（Frederick S. Perls, M.D.）が提唱したもので、精神医学の領域における一つの革新的な療法（フレデリック・S・パールズ著／倉戸ヨシヤ監訳『ゲシュタルト療法―その理論と実際』ナカニシヤ出版、1990年）。

ブラインドの羽を数える日々

ケイト・カンボー（Kathe Cambo）
ホルデ（Holte）在住、1928年生まれ

　私は、孤独になることが恥ずかしいことだと思っています。自分を必要とする人が誰もいないなんて、自らの「感情」がかなり痛むからです。

　私は、ちょうど75歳になったところです。残念ながら家族は少なく、息子が1人に孫が1人いて、そしてひ孫が1人です。家族のことを、私は世界中で誰よりも愛しています。

　1975年、一人息子を亡くし、10か月後に義理の娘を亡くしました。自分自身は一人っ子でほかに家族がいません。1994年までユトランド半島に住み、その後シェラン島に移りました。そのため、友達の数が減ってしまい、仲のよい友達は遠く離れたヴェンスュセル（Vendsyssel）に住んでいます。

　私は足が悪いのですが、自分の車に乗っています。一緒に乗ってくれる仲良しの友達がいればよいと思っています。私が手助けをしてあげられる人、心のなかを打ち明けられる人、そして一緒に息抜きができる人がいればいいのです。

　私は、44年間にわたって続いた結婚生活の末、夫に捨てられました。

彼は、若いモデルのところに行ってしまったのです。私は深く傷つき、落ち込みました。もちろん、結婚生活においてはどちらにも落ち度がありました。彼は数回浮気をしましたが、私は彼を愛していたのでそれを許してきました。なぜなら、1人になってしまったら、どうやって生きていけばよいのかが分からなかったからです。
　しかし、1996年6月4日、突然彼は家を出て、今後は「1人で」生きていきたいと私に告げたのです。その後、彼に会ったことは一度もありません。手紙を2回やり取りし、電話で2回話しただけです。
　孤独になってからというもの、数え切れないほどのいやな体験をしました。来る日も来る日も椅子に座ってよくないことばかりを考え、逃げ出したい気持ちになり、誰も私なんかを好きにならないし必要としてくれないだろうと感じていました。辛い体験を思い出すと心に強い痛みを感じ、涙がとめどなくあふれてくるので、無理にでも立ち上がって別のことを考えようと務めました。しかし、思いやりにあふれた幸せそうな高齢のカップルを見るととても辛い気持ちになりました。そして、私は考えました。
「私が何をしたっていうの？」

　離婚前は夫婦で支え合っていたのに、今、病気になって寝込んだりすると1人でどうすればいいのかと不安でした。テレビ番組の『手がかりなし』[(1)]のように、誰かが自分を探してくれたらどんなに嬉しいだろうかとよく考えていました。こんなことは、大きな懸賞に当選するようなものです。抱きしめあえる親しい人が突然増えるなんて、考えただけでもうれしいことです。

---

(1) （Sporløs）行方不明になった人を探してもらい、最後に対面するデンマークのテレビ番組。

48 高齢者の孤独──25人の高齢者が孤独について語る

ブラインドの羽を数える日々　49

そう、それから、1人で食事を食べなければならないのが辛いです。たまには凝ったものをつくってみよう、などという気持ちは失せてしまいます。自分以外に誰が食べてくれるというのでしょう？　だから、数食続けて同じものを食べることもよくあります。
　私は、人と交流できる様々な施設（刑務所、集会所、クラブなど）について考えることもあります。私自身はそういう場所にあまり行きたくありませんが、そこでは、お互いのことを思いやりながらみんな付き合っています。
　私は、高齢者センターに2回行ったことがあります。一緒に食事を食べているグループがありましたが、よそ者は入れないという雰囲気がありました。また、大きなグループもありましたが、人数が多いので新しいメンバーなどいらないようでした。みんな、新しく来た私がどんな人間かと探ろうとして、「あなたの夫はどうして亡くなったの？　1人になったのはいつのことなの？」と尋ねてきます。
　質問に答えた私を見て、みんな見下したような態度をとります。何が起こったかを話すと、無言で何か言いたそうな視線を交わすのです。ペンフレンドとの交流を試したこともありますが、趣味の隔たりが大きくてうまくいきませんでした。また、一部の男性は、馴れ馴れしくなったり、失礼なことを言ったりして連絡しなくなってしまうこともありました。
　ある時、私は1人の孤独な女性が出した広告に返事を出したことがあります。すると、その女性が電話をかけてきて、「とても楽しい昼食」に来ないかと誘ってくれました。電話でなく、直接会って話ができるのです。楽しみにして行きましたが、結局がっかりして帰ってきました。
　自分が言えたのは、「こんにちは」、「ごちそうさま」、「今日はあり

がとう」、「さようなら」だけでした。すべては彼女のモノローグで、家族の話や病気の話、そして手術の話ばかりでした。彼女は、決して孤独な人間ではなかったと思います。私はその後、それまで以上に絶望的な気持ちになりました。

　そして私は、窓辺の自分の椅子にまた座り、思慮にふけり、自分がどんなに孤独かを考えました。そんなことを繰り返していると、孤独感が押し寄せてきました。涙が自然にあふれてくることもしょっちゅうで、私は自分の部屋のブラインドの羽を数え始めました……26枚。

　そんなことをするなんて、気がおかしくなったのではないかと何度も自問自答しました。精神安定剤を服用することも考えましたが、依存症になってしまうことを恐れて思いとどまりました。私はもともと明るくて前向きな人間で、ただ孤独の深い穴にはまってしまっただけなのです。

　自分でも、趣味が多いほうだと思います。クリエイティブだと思いますし、ホイスト(2)というゲームが好きです。しかし、ここでも孤独を感じざるを得ません。このゲームを1人でするのは難しく、仲間が必要なのです。そこで、中古のパソコンを購入してやり方を覚えようとしています。

　私以外にも、孤独な高齢者でパソコンについて分からないことがあって困っている人がいるかもしれません。パソコン教室はお金がかかるので、こういう人達と助け合って解決できればと思っています。私は車を手放したくないので、別のところで切り詰めなければなりません。いつか、一緒にパソコンができる友達が見つかればいいなあと思

---

(2)（Whist）トランプゲームの一種。

っています。

　私は、クラブか何かを立ち上げたいと思っています。孤独な高齢者はたくさんいますし、誰かが手をとって「いらっしゃい、一緒に何かを始めましょう」と言えば喜ぶのではないでしょうか。いつかしたいと思っていることはこういうことです。

　私のこれまでの人生にはたくさんの素晴らしい瞬間がありました。大きな経験と美しい旅。しかし、ここ６年間は落ち込んでばかりでした。早く立ち直りたいと思っていますが、今はまだ１人で立ち上がるのが難しいというのが正直なところです。

孤独の殻に
閉じこもって

ヴィービケ・シェバン（Vibeke Scheppan）
オーゼンセ（Odense）在住、1947年生まれ

　私は55歳の女性で、2001年12月から早期年金を受けています。早期年金を受給し始めてから２、３か月たった時に、34年間続いた結婚生活に終止符を打ちました。私は31歳と34歳の子どもの母親であり、義理の子どもの義母であり、甥・姪の叔母であり、そして仲間の友達でもあります。健康状態はあまり思わしくなく、子どもの時から慢性的な偏頭痛を患っています。尾てい骨を折ったこともありますし、関節炎、むちうち症、ストレス、燃え尽き症候群にも悩まされてきました。

　販売員の専門教育を受けたことのある私は、インテリアコーディネーターと教員の免許ももっています。1963年から仕事をしていますが、1998年に病気になって退職しました。孤独は、その頃から感じるようになりました。

　1990年には学童保育施設の施設長代理になり、学童保育の拡充に貢献してきた結果、入所児童は60人から210人に増えました。また、労働環境を改善することにも力を入れましたが、それはエネルギーを消耗する戦争のようにたいへんな仕事でした。

　1998年のことですが、施設長から仕事を辞めるように言われました。

私が偏頭痛や肺炎でしょっちゅう仕事を休んでいたからです。別のパートタイムの仕事を探したり、市の就職カウンセラーに相談したりしましたが、よい結果は得られませんでした。そのようなことをしているうちに私は倒れてしまいました。ストレス、燃え尽き症候群、肺炎、偏頭痛による痛み、うつ状態などが次々と重なり、何もできない状態になってしまったのです。

　解雇予告が出たのは1か月前で、施設長代理の職を奪われました。私には4か月前に解雇予告を受ける権利があったのですが、「職場にはそんな余裕がない」というふうに言われました。

　こうなったことにはいくつかの理由があります。同僚からのイジメや、職場の労働者代表(1)からの応援を得られなかったことも辛いことでした。私の自尊心は傷つきましたが、誰にも相談することができませんでした。偏頭痛と肺炎に苦しめられながら重い足取りで職場を去り、二度とここに戻ることはありませんでした。

　現実を直視する勇気などなく、自分自身の辛い状況をなるべく見ないように目を閉じることに心掛けました。私は職場のお金を盗んだわけでもないし、何も悪いことをしていません。私の過ちがあったとすれば、それは早目に仕事を辞める勇気がなかったことでしょう。だから、倒れてしまったのです。

　早期年金を申請しましたが、受給が認められませんでした。不服申し立てをしましたが、早期年金を受けるほど重症でないと判断されて取り下げられました。そこで、その後2年間は収入がなく、夫に扶養されていました。経済的には何とかなりましたが、人間としてこのような状態で生きていかなければならないことは耐えがたいことで、私の自尊心は深く傷つきました。病気を患って解雇されただけでも辛いのに、さらに厳しい罰を受けているような気がしました。

ますます生きる価値のない人間に自分がなっていくかのように感じ、自尊心も自信もすっかり失い、人との関わりを断つようになりました。外に出ることもできず、どうしても必要な時だけこっそりと外出していました。特に、痛みが私の行動の足かせとなったのですが、まるで痛みという地獄のなかで生きているようでした。

羞恥心

　私は、自らがこのような状態になってしまったことを恥ずかしいと思いました。自立して生活することができないことに対する羞恥心、病気になって情緒不安定になっていることに対する羞恥心、そして社会の一員として立派に役割を果たせないことに対しても恥ずかしく感じていました。

　空虚感と喪失感に苦しめられ、それらが心と精神、そして身体を押しつぶすのではないかというほどのしかかってきて私を痛めつけました。人生がますます非現実的に感じられ、夢遊病にかかっているような感覚でした。まるで、自分が目に見えない存在になったかのようでした。

　何かに集中することができなくなり、他人の話や趣味を忘れてしまったりして上の空になったりすることも多く、とても恥ずかしい思いをしました。「殻」の奥のほうに閉じこもってしまい、なかなか外に出ることができなくなってしまいました。私に手を差し伸べようとしてくれた人達はいたのですが、私にそれを受け止めるだけの気力があ

---

(1)　(tillidsrepræsentant) デンマークの各職場の被雇用者から1人選出され、雇用主と様々な労働条件について交渉する人。

りませんでした。

　孤立するということはなんて簡単なことでしょう。「孤独なら、外に出て人のいるところに行けばよい」と、人は言うかもしれません。実際に努力はしましたが、何度も挫折しました。痛みと疲労感のために家族や友人を訪ねることも招くこともできず、人との付き合いの幅はますます狭くなりました。自己防衛本能が弱くなり、闘争心もなくなりました。すがりたい藁さえつかめない状態でした。

　なぜ、起きなければならないの？　なぜ、入浴しなければならないの？　なぜ、食事をしなければならないの？　なぜ、掃除をしなければならないの？　なぜ、花と食料品を買わなければならないの？　なぜ、ラジオニュースを聞かなければならないの？　なぜ、電話をかけたり手紙を書いたりしなければならないの？　そもそも、なぜ生きなければならないの？　そんな疑問が頭のなかをグルグルと渦巻いていました。

　心の深いところを見れば、所詮、自分には自分しかいません。写真を見たり、音を聞いたり、においを嗅いだりすると心が痛くなりました。自分の人生の様々な場面を思い出し、それが二度と戻らないことを知っていたからです。子どもの嬉しそうな叫び声や誰かの話し声、そして笑い声を聞いても心が痛くなりました。仲の良いカップルを見たり、自分が招待されなかった友人や家族のパーティーの話を聞いたりすることも辛かったです。

　周囲から何も期待されなくなり、人とのつながりも弱くなってしまいました。時間も自由もあるなんて、素晴らしいことと考える人がいるかもしれません。もし、それが自ら選んだことであり、生活して多くのことを経験する力をもっているのであれば確かに素晴らしいと思いますが、あいにくと私は自らそういう環境を選んだわけではありま

せん。

　健康な人が、長年の偏頭痛やそれに伴ううつ症状による疲労感や痛みがどんなに辛いことかを理解するのは難しいかもしれません。もしかしたら、自ら孤独と孤立を選んだ私自身が、周りの人々に自分のことを理解してもらうチャンスを与えなかったのかもしれません。つまり、どんなに辛いかを人に話したりしなかったのです。きっと、そんなことは誰も聞きたくないだろうと思っていました。

　数年前に骨折した時には多くの人々が気遣ってくれて、花や手紙をくれたり、お見舞いに来てくれたりしました。でも、私が辛くて危機的な状況に陥った時には誰からも声がかからず、自分の存在がなくなってしまったかのようでした。連絡をくれたのは、数人の仲の良い友人と家族だけでした。

　仕事をしていた地域に住み続けていたのですが、仕事で関わった子どもや親、そして教師とばったり会うことは苦痛でした。出会った人々は言葉を慎重に選んで近況を聞いてくれるのですが、私はいつも泣き出してしまって気まずい雰囲気になり、辛く絶望的な気分になりました。

　そこで私は、ケアデミネ（Kerteminde）の小さなサマーハウスに滞在することにし、仕事やそれまでの人生を思い出させるすべてのものから離れることにしました。古くて小さなサマーハウスですが、静かで眺めがよく、海岸まですぐ歩いて行けるところにありました。

　贅沢品はなく、テレビもありませんでした。ラジオを少し聴いたり、図書館で録音された図書を借りてきて聴いたりしていました。というのも、一般の本は集中して読むことができなかったのです。録音された図書を聴いている間は、水彩画を描いたり刺繍をしたり編み物をしたりしていました。

58 高齢者の孤独――25人の高齢者が孤独について語る

孤独の殻に閉じこもって　59

明るいうちは、外に出て海岸を少し散歩することもありました。1人になることは怖くなかったのですが、夕闇がドアや窓から家の隅々までに入り込んでくると、すべての色彩や鳥の悲しい歌声が溶けていってしまうようでした。静寂は、私の前に立ちはだかる大きな幽霊のようでした。絶望感によってお腹がキリキリと痛み、喪失感が心臓を握りつぶすようでした。

　悲しみという大きな灰色の翼が、私の体に巻きついてくるようにも感じられました。不安が頭のなかで暴れ、泣きたい気持ちが心のドアを打ち破って入り込み、私を激しく揺さぶるのです。そのような辛い感情からどうしても逃れることができませんでした。様々な種類の孤独感が私のなかにいっぱいになって、喜びや希望、気概などを自分のなかに招き入れることができませんでした。

　偏頭痛にはずっと苦しめられてきましたが、それでも以前の私は社交的で、多くの活動に参加し、いくつかの委員会のメンバーを務めていました。少しずつそういった活動から身を引かざるを得なくなり、ヨガや体操、友人とのトランプ、観劇などもできなくなりました。私は、ズキズキする頭痛のために薬の力を借りても外出することができず、鼻のところまで掛け布団を引っ張り上げて寝ていなければなりませんでした。こんなひどい状態になるとは想像もしませんでした。

孤立を解消するための努力

　そんな状況のなかでも、私は9か月間にわたってフォルケホイスコーレ[(2)]に行くことにしましたが、やはりうまくいきませんでした。私は音に敏感で、たくさんの人々が集まって話しているとその騒音に耐え

られなくなるため、人との関わりを避けなければならなかったからです。すぐに疲れて頭痛になるのです。

　ですから、フォルケホイスコーレにいた時期は、自分が孤独な時期として記憶に残っています。何人かの生徒は私を支えようとしてくれましたし、教師も理解があって親切でしたが、私が非常に過敏になっていたためにそれを受け入れることができませんでした。

　フォルケホイスコーレで、ある時、学習グループをつくることになりました。私が偏頭痛のために時々抜けなければならないと話すと、グループの1人が「グループに参加するのかしないのかの、二つに一つだ」と言ったのです。その言葉に、私はすっかり打ちのめされました。参加したい気持ちは強かったのですが、情緒不安定になってしまって無理でした。同じようなことが、別の場面でも何度か起こりました。それに立ち向かう力もなかったので身を引いてしまい、よりいっそう孤独を感じるようになり、自分が価値のない人間だという気持ちがますます強くなりました。

　次の年は、再びケアデミネのサマーハウスで過ごすことにしました。人との関わりを避けて、海岸沿いを散歩し、自分の心のなかの混乱を鎮めようと試みるとともに、自分がどうしてここを1人で歩いているのかと考えて理解しようとしました。そして、何日もの間、誰とも言葉を交わさずに過ごしました。

　ケアデミネ教会に何度も足を運び、瞑想して祈りを捧げました。頭痛がひどくない時には礼拝にも行きましたし、そうすると心が少し落

---

(2) デンマークの「民衆（国民）の学校」と呼ばれる学校で、17.5歳以上であれば誰でも入学できる学校。原則的に全寮制で様々なコースをとることができ、デンマークの重要な生涯学習機関の一つ。詳しくは、清水満編著『改訂新版　生のための学校』新評論、1996年。

ち着きました。オルガンの音色と牧師の言葉は私の心を軽くしてくれましたが、逆に、心に辛く響くこともありました。

　私は、あらゆる薬も代替医療も試しましたが、効果はありませんでした。そして、どん底に陥って自殺願望さえもつようになったのですが、そんな時、自分自身にある変化が起こりました。海岸を散歩しながら海に向かって石を投げた私は、神に向かって、「そろそろ救いの手を差し伸べてください」と大声で叫びました。もちろん私は、自分以外にも辛くて危機的な状態にある人がいることを知っていましたし、私の祖母、両親、友人達が、子どもや友人、夫を亡くした時にどうやって悲しみを乗り越えたかを思い出して心に留めようとしていました。
　こんな状況にあっても、私は生きていて自分の足で歩くことができ、美しい自然を眺め、春の訪れを感じることもできました。考える力や想像力だって失っていません。そう、自分がもっている能力や才能を見つけて時間を活用すればよかったのです。時間はあり余るほどもっていたのですから。
　再び涙が流れてきましたが、今度は喜びの涙でした。自分は何と幸運なのかという喜びの涙でした。私が患っている病気は非常に苦しいものですが、命に関わるものではないのです。自分の人生のなかに大きなチャンスがあるということが、突然、頭をよぎりました。自分の人生をより良いものにしていくために努力したいという気持ちと力が、私のなかにふつふつと湧き起こってきたのです。
　数年ぶりに自分のなかに喜びが炭酸水の泡のように湧き上がってくるのを感じ、ケアデミネ湾に向かって「イエス様、人生を自分で歩んでいく力を与えてくれてありがとうございます。これからも正しい道をお示しください」と叫びました。

そして、数日後には担当のケースワーカーに電話をして言いました。「助けてください、今すぐに！」

こうして私は、レヴァ・フュン・リハビリセンター（Reva Fyn Revalideringscenter）に労働能力評価のため、毎日8時から14時まで8週間通うことになりました。始まるのをとても楽しみにしていましたが、結果としてはうまくいきませんでした。体調が悪い日が続き、結局8週間がたたないうちに終えて、早期年金を受けることになったのです。2001年7月のことでした。

12月になって、やっと最初の年金を受け取りました。私が認定されて受給できるようになったのは中級早期年金でした。社会福祉局の休暇や業務の関係で、私の年金受給手続きが大幅に遅れました。8月に遡って支給されると聞いていたので安心していたのですが、実際はそうではありませんでした。遡って受給ができないように法律が改正されていたことをケースワーカーが知らなかったのです。市に不服申し立てをしましたが、もちろん受け入れられませんでした。

このようにいろいろありましたが、12月から受け取る年金を楽しみにしていました。年金の受給が認められたことが嬉しく、ほっとした思いでした。年金を受給できるということは、すなわちデンマーク社会の一市民として尊重され受け入れられたということであり、私にとってこれほど嬉しいことはありませんでした。

---

(3) （arbejdsprøvning）労働能力が低下している人がどの程度の職務機能を果たせるかを明らかにするために地方自治体が、通常、企業で一定期間の実習を行わせ、査定する制度。その評価結果によって適切な業務内容の仕事を斡旋したり、早期年金などの社会手当の受給につなげたりする。

(4) 2003年以前の制度では、労働能力が低下している者に支給される早期年金には、労働能力の程度によって最上級早期年金、中級早期年金、増額標準早期年金、標準早期年金にランク分けされていた。支給対象は、18歳から60歳または65歳（ランクによって異なる）。2003年の法改正でそれまでのランク分けが廃止された。

一歩前進

　成人した子ども達はヴァルビュー（Valby）に住んでいるのですが、1人の娘が孫の世話を手伝ってほしいと私に言ってきました。常に痛みと疲労感があるのでどうしようか迷ったのですが、結局、手伝うことにしました。「若いおばあちゃん」として、家を「好きなように荒らす」ことを許されたのです。これまでとは違う新しい生活が始まりました。

　孫とこんなに頻繁に接することができるなんて、ありがたい贈り物をいただいたように感じました。保育所に孫を迎えに行き、火曜日の午後にはカフェに連れていきます。絵を描き、ゲームをし、食事をつくり、本を読み聞かせます。孫と一緒にすることすべてが私にとって最高の癒しでした。また、私が疲れて休みたい時には快く休ませてくれました。私は、そんな娘の家族にとても感謝しています。

　私が仕事をしていた頃には長期休暇や行事の時にしか会うことができませんでしたが、今は親密で愛情に満ちた関係をもてるようになったのです。私は今でも定期的にヴァルビューを「荒らしに」行っていますが、時には家に帰って休まなければなりません。娘の家族は元気いっぱいで騒々しいので、時には距離を置くことが必要なのです。

　残念ながら、夫と私は一緒に歩む道を見つけだすことができず、2002年1月に夫と別居するという決断を下しました。同じ町ですが、別の地域にある小さなマンションに必要最低限の物だけを持って引っ越しました。私はすでに自分自身をすっかり見失ってしまい、その時はまだ深いアイデンティティの危機にありました。私は孤独を望んでいたので、夫と私の両方をどん底に突き落としたのは自分だと感じて

いました。

　それまでの2人の生活は、私の病気に振り回され、喜び、愛情、理解が入り込む余地すらありませんでした。夫と私は、深く話をすることもできませんでした。私は自らが理想とする妻像になることができなかったのですが、夫の重荷にもなりたくありませんでした。夫は私を支えようとしてくれましたが、私はいつもうつ状態で不機嫌で、夫に攻撃的な態度をとっていました。夫がアドバイスをしてくれようとすればするほど私は内に引きこもりました。

　親密な関係を保つことができず、夫の支えを受け入れることができませんでした。夫が元気で何でもできるのに私は病気で何もできないことに腹を立て、妬んだこともありました。私達は夫婦なのに、あまりにもバランスを欠いた立場に置かれてしまったのだと思います。夫は、私によく「施設長代理の仕事を辞めて、もっと楽な仕事を見つければよい」と言っていましたが、私はそれを聞き入れることができませんでした。

　1人でいることによって自尊心を保ち、人生を続けていくことができるのではないかと私は考えたのです。そして、自分1人でやっていけることを証明しなければならなかったのです。それでも、別居をすれば、夫と私はいつか互いが恋しくなって、時々友達として会えるようになるのではないかというかすかな望みを心の奥深くにもっていました。

　また、自分の「思索にふける殻」があることが私にとっては重要でした。罪悪感をもたずに、1人で思う存分病気に苦しんで辛さを悲しむことができる「殻」が必要だったのです。私自身が孤独を選んだのですから。

新しい地域で初めて行った教会での礼拝の後に、牧師が「あなたの家を訪問しましょうか？」と尋ねてくれました。その教区では、新しい住人が引っ越してくると牧師が家を訪問することになっていました。その後、牧師は家に来てくれて、私と牧師は楽しく実りのある会話を楽しみました。「ヤコブの手紙」の5章13～16節にあるように、オリーブ油を塗ってくれるかどうかを牧師に頼むと承諾していただきました。⁽⁵⁾それは素晴らしい経験で、内面の喜びを生み出し、私が孤立のイバラから抜け出すことができるという確信を与えてくれました。

　私は、少しずつ人生を楽しめるようになってきました。また、友人が教えてくれた偏頭痛の予防薬を飲むようになりました。それは、偏頭痛のピーク時の痛みの強さと長さを抑えてくれるものです。さらに、睡眠が十分とれるように半錠の睡眠導入剤を飲み始めました。

　ただ生きているだけの人生を、楽しく充実した社交的な人生にどうすれば変えていけるかを考える余裕が出てきました。

　偏頭痛と、それに伴って必ずやって来るうつに悩まされずに過ごせた日は感謝の気持ちで過ごしています。そのような日は、黄金の価値があるほど素晴らしいものです。それがまさに人生なのです。

　現在は偏頭痛がなく、穏やかに過ごせる日が月に5回ほどあるのですが、もしかしたら将来、そのような日がもっと多くなるのではないかという希望をもっています。

「危機から良いことも生まれるものだ」

　そんな中国のことわざを、少しは理解できるようになりました。

---

(5)　キリスト教においてオリーブは平和のシンボルとされ、オリーブ油は儀式などに使われた。

私を変えた会話

ヘルムト・ニルスン（Helmut Nielsen）
オーゼンセ（Odense）在住、1921年生まれ

　孤独は人生において大きな問題ではないかもしれませんが、多くの人が、いつかはその意味を知ることになる言葉です。孤独になりたいと望む人は、少数ながら実際にいます。恋愛や結婚生活がうまくいっていない人が多いかもしれません。ある意味で抑圧されていて、相手との別れによって長年の束縛から初めて解放されたと感じるわけです。
　子どもの頃、学校の宗教の時間に「孤独」という言葉を私は学びました。天地創造、そして、神が自分に似せて最初の人間をつくり「アダム」という名前をつけたということを勉強した時のことでした。アダムはエデンの園にヘビ達と一緒に暮らしていましたが、それでも孤独を感じていたため、神は彼を不憫に思って「エヴァ」という女性をつくったと習いました。
　私が長い人生のなかで孤独感を強く感じたのは、私が熱い想いを寄せている女性が何らかの理由で自分の手の届かないところにいた時でした。つまり、不幸な恋であり、好きな人を恋しく想う時に孤独感を感じるということです。おそらく、ほとんどの人々が経験することでしょう。特に、長い人生を一緒に生きてきて愛し合う2人を死が分か

つ時に強く感じるでしょう。私は自著『エマのために（For Emmas skyld）』のなかで、これを「シャム双生児」[1]と呼んでいます。

　私は、妻エマの死が人生最悪の出来事であったと思っています。こんな辛いことが起こりうるとは夢にも思いませんでした。ショックと孤独感が次第に私を襲い、私から生きる力をすべて奪いとりました。妻は、長い闘病生活と２回の心臓手術の後に私から去っていきました。２度目の心臓手術が命取りとなりました。

　妻の死後１年間、私にとりついて、私の思考力と健康を脅かした孤独感を決して忘れることはないでしょう。眠りながら、ベッドのなかで妻の手を探したあの辛い夜。妻のいないことに気づいて絶望的な気持ちで掛け布団を床に投げつけ、ベッドから飛び降りると服を着て家から逃げ出してさまよい歩き、気がつくといつも墓地に行っていました。

　ベンチに座り、妻と私が一緒に過ごした素晴らしい年月を思い起こすと、涙が頬をつたい、寒さが体に深く深くしみ込んできました。寒さは感じませんでした……寒さなどどうでもよかったのです。

　墓地の周囲の暗かった家に明かりが灯るのを見て再び立ち上がると、私は寒さでこわばった体を墓地に向け、墓に最後の一瞥を投げかけました。そして、家に向かって歩き出すのですが、それが自分の家であるという感覚が薄れてきているのを感じていました。

　私にとっては、それは中身も温かさもない空虚な殻にすぎませんでした。私を苦しめ続けていた思い出は私からすべての力を抜きとってしまい、私は放心状態となって窮地に追い込まれていました。そして、自分が無意味で空虚な人生へと向かっているように感じていました。

　自分の感情に対する制御を完全に失ってしまったことに対して強い羞恥心を感じており、それはたいへん辛いことでした。暗闇の町を夜な夜なさまよい歩くことを隠そうとするのは、その羞恥心のためでし

た。私が家に帰る時に出会う近所の人や知り合いには、できればパン屋やコンビニに行っていたと理解して欲しいと思っていました。

　何よりも辛かったのは、知人が遠くから私が向かってくるのを見て、急いで反対側の歩道に渡ったり、気づかぬ振りをして家や庭に入ってしまう時でした。もちろん、彼らの気持ちもよく理解できました。彼らの目から見ると、幸せそうだった私が、泣いて悲しみに浸ってばかりいるひ弱で、愚かなやつれ果てた人間に変わってしまったように映っていたのですから。

　人生とはそのようなものだ、と自分を納得させることはできました。愛する人を失うことは自然なことで、すべての人――特に、高齢者に起こると覚悟して適応しなければならないことだと分かっていました。「おそらく、彼らは正しいのだ」と、私は何度も自分を納得させようとしました。しかし、納得しても何の慰めにもなりませんでした。

～　会　話　～

　ある日、墓地に行くと、自分より10歳から15歳若い男性がベンチに座り、遠くから私をじっと見ているのに気づきました。私はその男性を無視し、墓に供えた花をきれいに整えて立ち上がり、背筋を伸ばしました。すると、私にのしかかっている重苦しい気持ちを少しでも軽くするかのように、2、3回むせび泣きが胸を通って上のほうまで上がってきました。私は、それを抑えることができませんでした。突然、私の肩に誰かの手が置かれ、優しい声が聞こえました。

---

(1) 体の一部が結合している双生児。

「よろしければ、ちょっとあなたとお話したいのですが。あなたと私は、同じような状況に直面しているのではないかと思います。こちらのベンチに座って一緒に話をしませんか」

ベンチに座ると、彼は私の身体に腕を回しました。互いに自己紹介をし、彼は話し始めました。

「ヘルムト」と、彼は私の名前を呼びました。

「実は、長い間あなたを見ていたんです。奥さんのお墓に来ているのを遠くから見ていたんですよ。奥さんを亡くして深く悲しんでいるんでしょう」

私はただうなずき、涙が流れるにまかせていました。彼は、私の身体を優しく支えながら低い声で続けました。

「ええ、よく分かります。あなたが置かれている状況をよく分かっています。こんなことは、経験者じゃないと分からないと思いますよ。私も同じような経験をしましたから。あそこのお墓の上の花を見てください。あそこに、私の妻が眠っているのです。妻を亡くしたのは少し前のことです。私もすっかり落ち込みましたよ。今のあなたとまったく同じです。だから、私はあなたと話したいと思ったのです。あなたは私より年上でしょうけど、そんなことどうでもいいことです。私は、あなたに希望を与えることができると思うのです。私は自分の話をしますから、あなたは心を開いてあなたの話をしてください」

彼は、再び私の身体を親しみをこめて腕で支えました。私は涙をぬぐい、彼がどのようにして妻を亡くしたのかを聞きました。妻の死後、彼には独身の女性との奇跡的な出会いがあったのです。その女性は近所に住んでいた人で、彼の妻の親しい友人でもありました。妻が死んだ頃、その女性には付き合っている男性がいませんでした。ある日のこと、彼は墓地を訪れて、悲しみと孤独で打ちひしがれながら帰途に

就きました。ずっと先のほうに、その独身の女性が立っているのに気づきました。そこまで行くと、その女性は次のように言いました。
「友よ、こんな状態を続けてはいけません。こんなことを続けていれば、最後によくないことが起こるかもしれません。私は、責任を感じているんです。私は、親友であり、あなたの妻である彼女が病気を克服できずに亡くなるようなことがあれば、あなたの面倒を見ると約束していたのですから」

　女性は彼の手をとって彼の家のなかに入り、ふと気づくと２人は抱き合って泣いていました。しかし、それ以上のことは何も起こりませんでした。ところが、２人が会う頻度は次第に増えていき、彼はその女性と恋に落ちたのです。それまでは彼女を女性として見たことはなく、妻の友達としか見ていませんでした。彼女と親しくなるにつれ、優しく美しい女性であることに初めて気づきました。そして、彼女は彼の感情を生き返らせました。
「私達は、一緒に住むことにしました。また、充実した人生が戻ってきたんです。誰も未来を予測することはできませんが、合言葉は、決してあきらめるな、です。何かを失うと、代わりに何かを得ることになるものです。誰でもそうですよ、絶対に」

　彼は、微笑んで言葉を終えました。
「今度はあなたの番です」

　ふと気がつくと、言葉は洪水のように私の口からあふれ出ていました。彼は分かったようにうなずいていました。それまでは、いつも話した相手にこう言われたものです。
「泣き言はやめなさい。毎日、どこかで誰かが愛する人を失っているし、それでもみんな何事もなかったように生きているんですよ。人生そんなものでしょう。悲しみを乗り越えて生きることを学ばないと」

しかし、今回はそのような説教じみた言葉で遮られることなく自分の思いのたけを話すことができ、すっかり気分がよくなりました。
　私は、妻エマとの結婚生活について話をしました。私達が一緒に過ごした長く幸せな年月について。彼女を失って恋しく思う悪夢のような辛い気持ちについて。私達の無限の愛情と性愛、友情、献身について。私と彼女を引き裂いた彼女の病気について。そして、彼女が再び目覚めるのを待っていた手術後の最後の時間について。
　私は、自分が夜にさまよい歩いていたことを話しました。妻が隣に歩いているかのように感じ、いつも妻の歩く靴音が耳のなかで聞こえました。妻の温かい手が、私のポケットのなかで私の手をとって優しく握るのを感じました。私はそんなことを感じる自分にぞっとし、自分の思考力が危うくなっているのだと思いました。横を見ると誰もいないことも分かっていました。
　また私は、妻が何度も私の前に姿を現したことを話しました。私が話しかけると妻は消えてしまいました。まるで、無のなかに吸い込まれるように……できることならば、本当に妻がいたのだと言いたいところなのですが。
　私は一旦話をやめました。すると、彼は低い声で尋ねました。
「あなたは、子どもがいないのですか？」
「私には５人の子どもがいて、男の子３人、女の子２人です。みんな素晴らしい子どもで、私が孤独を感じたら遊びに来るように言ってくれました」と話しました。
　また、少し沈黙があり、その後、彼は低い声で尋ねました。
「それで、あなたはそうしたのですか？」
「ええ、ほんの数回だけですけどね。なぜなら、私が彼らのお母さんと一緒ではなく１人で来るのを見たら子ども達にとっても辛いでしょ

うし、私も辛かったからです」
　そこで私は、数年前のエマの言葉を胸に、孤独な闘いを1人で闘わなければならない、と悟ったのです。その妻の言葉とは、どちらか一方が先に亡くなったらどうしようかという話をした時に妻が言ったことです。
「ねえヘルムト、もし、私が先に死んだら誰か別の人を見つけてね。だって、人生を分かち合う人を求めている孤独な女性なんてたくさんいるんですから。私が死んだら、あなたには何の義理もないのよ。あなたが誠実を誓ったのは死が私達を分かつ時までよ。あなたには孤独なんて似合わないわ。私は、本気でそう思っているのよ」
　私は、彼女の言うことが十分に理解できたので、「先に死ぬのが私だったら同じことをするように」と彼女に言いました。そう言ってから、私達は笑いながら抱き合いました。私達は、まだ長い間一緒にいられると信じて疑いませんでした。
　ここで、また私は話をやめました。すると、男性はまた私の肩に手を置いて、「それから何が起こったのですか？」と慎重に尋ねてきました。私は続けました。
「自分を閉じ込めているひどい孤独感から抜け出すためには1人で闘わなければならないと悟り、私は自伝を書いたのです。最初はちょっとした趣味だったんですが、ふと気がつくと、A4用紙で約500枚に達していました」
　そして、自伝を書くことがどれほど辛いことだったかも話しました。私達の長い結婚生活について書きながら、多くの涙を流さなければならなかったことを話しました。しかし、それを追体験し、そして議論の余地のない真実と向き合うように自分に強いることが自分を強くしたと思います。私は、すべてのことを何度も何度も追体験して強くな

74　高齢者の孤独――25人の高齢者が孤独について語る

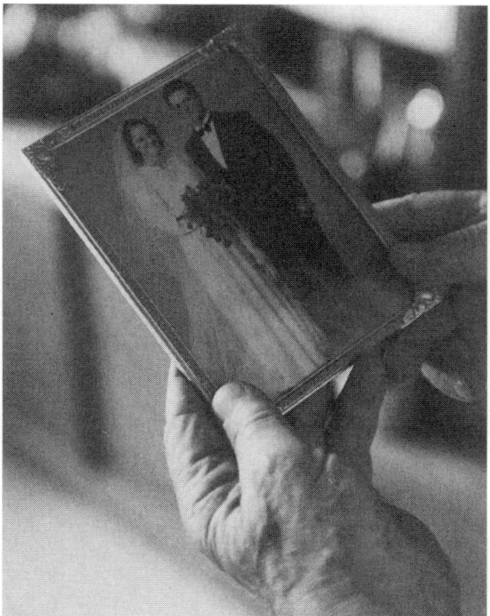

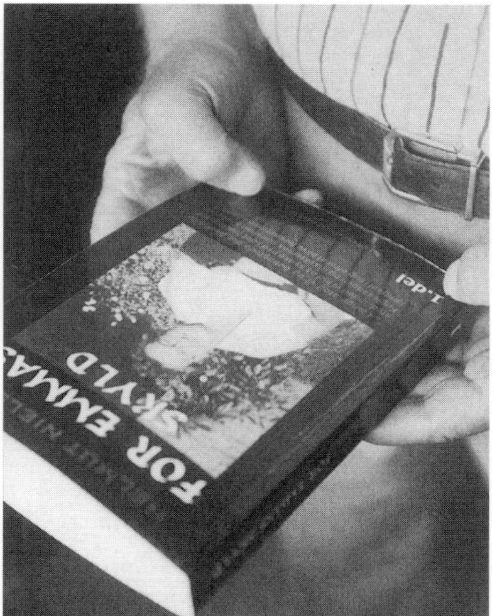
FOR EMMA
SKYLD

っていったのです。

　長い間、私達は黙って座っていました。再び感情が高ぶってきて、私は全身が震えてきました。彼は、私が再び感情をコントロールできるようになるまで待っていてくれました。

　とうとう、彼は沈黙を破って言いました。
「ヘルムト、あなたが話してくれたことはすべてよく分かります。ほとんど自分自身の話のようにね。あなたの妻の言葉は、あなたが一歩踏み出すのを後押ししようとしているんですよ。孤独な人はたくさんいるのですから、あなたも簡単に——年齢に関係なく——人生を分かち合える人を見つけることができますよ。そうでしょう。あなたと話せてよかったです。あなたも得るものがあったらよいのですが。あなたに話しかけてよかった。うまくいくことをお祈りしています」

　私達は別れの握手をして、再会を望みながらそれぞれの方向に歩き始めました。

　それから、彼に会うことは一度もありませんでした。しかし、彼の妻の墓の花は毎週取り替えられています。私は、彼と話したこの日を決して忘れないでしょう。私の人生の転換期となり、闘い続ける力を与えてくれたこの日のことを。

　彼のことを、「墓地の男」と私はいまだに心のなかで呼んでいるのですが、彼との出会いから早1年が過ぎました。悲しみと孤独を心に抱きながら閉じこもっていた1年が過ぎました。一方で、私は自分の人生について書き続けようと自らに鞭を打っています。私はいまだに孤独ですし、私の子どもは繰り返して私に強く言います。人の輪のなかに入ってパーティーに参加し、ダンスをして——ダンスが大好きなことを子ども達は知っているのです——人生の伴侶を得るように、と。

私は、いい服を着て、今度こそ出かけようと思ったことが何度かあります。私はあるクラブのメンバーなのですが、そこがパーティーとダンスを企画しているという案内を目にしました。そのメンバーのほとんどとは面識がありましたので。ところが、支度をして家を出て、途中にある妻の墓に立ち寄ろうとした時に勇気がなくなってしまい、パーティーに行くことができなくなってしまいました。私は自分自身の弱さに憤りすら感じたのですが、1人でやって来る私を見た時の友人の目が怖かったのです。そして、必ず投げかけられるだろうという質問を恐れていました。
「どうしてエマを連れてこなかったんだい。君達、いつも一緒だったのに」
　まだ私は、泣き崩れることなくこんな質問に答えられる状態ではありませんでした。

孤独を手放す勇気

　とうとうある日、冬の半年間にわたって続いたあるコースの修了パーティーに出かけることができました。健やかな足取りで、とってつけたような笑みをたたえて、硬直した足どりで私は入り口をそっと入りました。立ち止まってたくさんの人で埋まっているテーブルを見ると、ほとんど私の知らない人ばかりで、好奇の眼差しが私に降り注がれました。
　私は窓のそばの席にたどりつき、腰を下ろすと周りを見渡しました。すると、テーブルのあちこちに私の知っている人がいて、挨拶を交わすとついに恐れていた質問が来ました。

「どうして奥さんを連れてきていないの？　彼女は本当にいい人よねえ。お宅の魚屋さんにはよく行っていたけど、いつも素敵で感じがよかったわ」

　一瞬、私はマヒしたかのようにじっと座っていました。頬を伝う涙を抑えることができませんでした。私は、そんな自分の弱さをうらみました。急いで窓の外に目をやって、彼女は1年以上前に亡くなったと私は言いたかったのですが、その声はかすれ声にしかならず、体中が震えてしまいました。まったく、感情を抑えることができませんでした。
　質問をした女性が私の肩に手を置き、悲しそうな表情で辛い質問をしたことを詫びました。その間、みんなは目をそらしてほかの方向を見ており、気まずい雰囲気から逃れるために私は立ち上がりました。すると、彼らは私を引き止め、私達のクラブの最近の状況について控え目に話し始めました。そして間もなく私は、みんなが懐かしんでくれる昔の魚屋さんとしてみんなと言葉を交わすようになりました。彼らの心遣いと理解によって私は気分がよくなり、会話の中心となりました。
　食事時になると、みんな、手づくりのご馳走が入ったお弁当を食べ始めました。私のお弁当は、自分が仕事をしていた時と同じようなたった一切れの具しかのっていない貧相なオープンサンドイッチで、恥ずかしさのあまりに隠そうとしました。こんな時にはいつも多めに食べるものを持ってきていた妻を思い出して、再び胸が苦しくなりました。家で自分のお弁当をつくっている時、そんなことはまったく考えもしませんでした。
　ところが、そのパーティーでは、この貧相なお弁当によって辛い思

いをすることがなかったのです。というのも、みんながこっそりと私にお弁当を分けてくれたのです。私が別のテーブルの人と話をして自分の席に戻ってみると、みんなからのお裾分けで私の皿はいっぱいになっていました。私はすっかり嬉しくなり、気遣ってくれたみんなが大好きになりました。誰もが、あらゆる方法で私を支えようとしてくれたのです。

　この日は、私の背中をそっと後押ししてくれた仲間達に会えた素晴らしい夜になりました。ダンスが始まると、みんな私と踊りたがりました。彼らの冗談を聞いて、自分が笑っていたことにふと気づきました。私はエマと墓地の男のことを思い出し、2人の言うことは正しかったと確信しました。私のような孤独な人がたくさんいて、みんな人との触れ合いを求めているのです。それなのに、私は妻を失った後、外にも出ず、自分の家のなかにカタツムリのように閉じこもっていたのです。

　楽しかったパーティーが終わると、私は再び空虚な自分の家へと向かい、多くの素晴らしい思い出と孤独感とともに家に着きました。しかし私は、とうとう悲しみを克服し、未来を明るく見つめることができるようになったのです。

　年の瀬になり、新しい年が近づいてきました。その頃、私は小さくて素敵な女性と出会いました。私はすぐに「おちびちゃん」、「私の小さな踊り子」というあだ名を彼女につけました。それは、今これを書いている時点から12年前のことですが、その後お付き合いをして2、3年間は一緒に過ごしました。それから、病気になったり、年老いたりしたために少し疎遠になり、今では時々電話で話すだけの関係になっています。

強い羞恥心

イーリン・ヴィルヘルムスン（Elin Vilhelmsen）
ヴァレンスベク（Vallensbæk）在住、1921年生まれ

　私の孤独感は、60年以上前に自分がしでかした深く恥ずべき行為と、それに対する羞恥心に起因しています。こんな恥ずかしいことをした人は、ほかにはいないと自分でも思います。それがどういうことかをお話しましょう。

　第2次世界大戦中の1940年6月に、私は当時デンマークを占領していたドイツ軍の兵士とお付き合いをするようになり、1943年に彼の子どもを出産しました。男の子です。同じように、ドイツ兵との間に子どもをもうけた女性は他にもたくさんいましたし、これだけだとそんなに恥ずかしいことではないでしょう。しかし、私が生涯ずっと罪悪感をもっているのはそれだけではありません。共産主義者であった私の両親がこの頃に強制収容所に収容されていたのですが、解放された後に無事家に帰ることができたのは父親だけだったのです。母は、発疹チフスで亡くなりました。私は、それが自分のせいだと思っており、いまだに自分を許せずにいます。

　母は、終戦後に孫に会えることをとても楽しみにしていました。母は強制収容所のなかで、孫と家のこと、そして私達がどのように生活

しているかを心配し、そのことばかりを考えていたようです。母がとても強い人だったのに病死してしまったのは、心配するあまりに身体の抵抗力がなくなってしまったのではないかと私は思っているのです。今、こうしてこれを書きながら自分自身に何度も何度も問いかけています。

「おまえは、どうしてそんなことができたのか」と。

　私は彼のことを心から愛していたのですが、やはり早いうちに彼に別れを告げるべきでした。

「そもそも、おまえはどうしてドイツ人兵士と付き合うなどということができたのか」

　そのわけはよく分かっていますが、心の内を言葉にすることは難しいです。しかし、なんとか言葉にして書いてみましょう。

　すでに述べたように、私の両親は共産主義者で、ヒトラーが1933年1月に政権をとるようになると、私達は部屋が二つと納戸しかないヴィーアスリウヴァイ（Vigerslevvej）通りの小さなアパートに、ドイツからの亡命者をかくまうようになりました。当時、私は11歳で、ナチスは敵でもドイツ人は仲間だと理解していました。

　私の記憶している限り、亡命者は２、３週間私達のところに滞在し、その後、別のところに移っていきました。そういうこともあり、常に新しい亡命者がやって来ました。彼らは見つからないように日中は家のなかに閉じこもっていて、私は学校から帰ってくると彼らとよくおしゃべりをしたためにドイツ語がかなり上達しました。語彙はあまり増えなかったかもしれませんが、発音と言葉のリズムは習得できました。

　15歳の時に両親が離婚し、６歳下の弟は母と一緒に暮らし、私は父

82　高齢者の孤独──25人の高齢者が孤独について語る

強い羞恥心　83

と暮らすようになりました。なぜそうしたのかと尋ねたことはありませんが、ただそうなったのです。父に特別強い愛着もなく、親しい関係でもなかった私にとって、父との2人だけの生活はあまり快適ではありませんでした。次の年には住み込みの仕事を見つけ、その後、ヴェスタブロー（Vesterbro）のアパートに移りました。

　デンマークがドイツ軍の占領を受けるようになると、コペンハーゲン中央駅内の写真屋で働き始めました。7分でパスポート写真が撮れるというサービスをしていました。現在ではセルフのパスポート写真サービスがありますが、この当時にはなかったのです。もう一人の女の子と、2人で交代をしながら勤務をしていました。

　ドイツ軍の占領が始まった1940年4月9日からほどなくして、彼女はドイツ人兵士と付き合うようになりました。多くのドイツ人兵士が中央駅に来るので、私達は彼らをほかの客と同じように扱うように指示を受けていました。私は、学校で2年間習ったうえにドイツ人亡命者からも習って覚えたドイツ語を喜んで使い、「上手だ」とほめられる日々を楽しんでいました。

　ある日、私の同僚の女の子のところにドイツ人兵士の恋人が迎えに来たのですが、その時、彼は友人を連れていました。その男性はとても魅力的でした。私は、彼がナチス党員ではないことをまず確認し、その後、彼との仲が急接近し、私の運命は決まってしまいました。それでも、私はそこで思い留まるべきでした。

　このようなことがあったので、私は人に会う時には3歩下がって距離をとろうとするのです。人に接近しすぎると、不快な質問を受けることになるからです。それに答えると、人々は私に背を向けるのではないかと恐れているのです。

　このように、私の内面の孤独は外に開放されることがありません。

しかし、私には多くの知人がいますし、様々な分野で活発に活動しています。

孤独すぎる日々

ハンス・P・ヒーゼゴー（Hans P. Hedegaard）
シャロデンロン（Charlottenlund）在住、1944年生まれ

　私は末っ子で、半分血のつながった２人の兄と母と一緒に暮らしていました。父は私が３歳の時に亡くなったので、父のことはあまり覚えていません。５歳から18歳の間、私は継父と一緒に暮らしました。残念ながら、継父は酒浸りで、母や私に暴力を振るいました。

　ある時、最後のチャンスを継父に与えようとしたのですが、それでも暴力が収まる気配がなかったので、私は継父を力ずくで追い出しました。すでに母は、継父なしでも経済的にやっていけるようになっていました。

　私は販売員の教育を受け、その後、軽騎兵として兵役を務めました。そして、ダンススクールで素敵な女性と出会って結婚をしました。私達はアパートを手に入れ、息子と娘が生まれました。しかし、私が33歳の時に離婚し、その後、ずっと独り暮らしを続けています。

　離婚後、試行錯誤した結果、私は性的には同性愛者であることが分かったのですが、一方では精神的には女性に惹かれることも分かりました。以前は同性愛者の仲間がいたのですが、時がたつにつれ、いろいろなことがあって疎遠になってしまいました。

私のような人間が孤独になる理由はたくさんあります。私の場合、病気が主な理由です。1997年にエイズと診断を受け、ちょうどその頃から私の交際範囲が狭くなってきました。
　当時の私は世間知らずで、エイズ患者は他人からケアや支援を受けられ、理解してもらえるものだと信じていました。しかし、そんなことはまったくありませんでした。多くの友人・知人が私から離れていきました。エイズについての知識がなく、とりわけ感染の可能性についてよく知っていないことも一つの原因だと思いますし、人々の性的なモラルにも大きな原因があると思います。エイズ患者には同性愛者が多く、それを受け入れられない人々がたくさんいるのです。
　1年ほど前、病気のために早期年金を受けることになり、私の交際範囲はますます限られたものになりました。年金生活に入ると、毎日職場の同僚と過ごすこともなくなるからです。友達をつくろうと努力をしていますが、私が早期年金を受給していることや受給に至る経緯を話すと、私に対する関心が薄れていくようです。「豚野郎」と呼ばれたり、「自業自得だ」と言われたりすることもあります。
　病気のせいで、時々とてもだるい日があり、そのような日は疲労感が強くなります。いろいろな催しに参加して友達をつくろうにも、そのような体調の悪い日には参加することができません。
　ある時、私はフレズレクスベア（Frederiksberg）の「HIVハウス」を訪ねてみました。ひょっとしたら同じような境遇にいる人々と出会い、友達になれるかもしれないと思ったのです。行ってみると、やはり私には合わないことが分かりました。一つには、「HIVハウス」が同性愛やHIV、そしてエイズに焦点を当てすぎていると感じたからです。私は日常生活で病気のことばかり考えないようにしようと心掛けているので、そのような施設は合いませんでした。

88　高齢者の孤独──25人の高齢者が孤独について語る

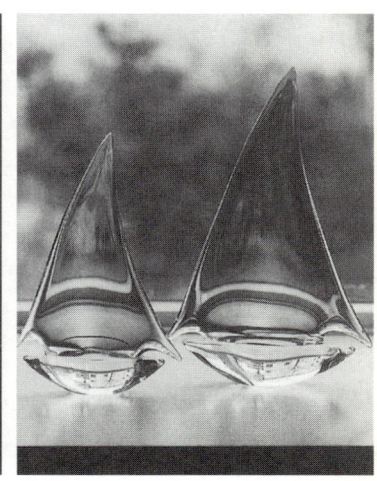

孤独すぎる日々　89

私には「小さな家族」がいます。私の子ども、私の前妻、その夫、そして彼らの息子と前妻の母親です。私には友達もいますが、それは、ある夫妻と2人の小さな子どもです。彼らはみんな私が同性愛者でエイズであることを知っていて、「あなたは孤独すぎるから、恋人か友達を見つけるべきだ」と言います。でも、残念ながら恋人と友達は、スーパーマーケットに行って選んで買うようなわけにはいきません。

　高齢者クラブに行くには若すぎるし、同性愛者の交流の場に行くには年をとりすぎています。私は出会い系のテレフォンクラブに電話をかけてみて何人かと会ったこともありますが、私がエイズについて話すとすぐに私から離れていってしまいます。その気持ちはよく分かりますが、そのような態度をされると、自分がまるでいつ爆発するか分からない時限爆弾のように感じてしまいます。

　それでも私は、信頼できる男性に出会えるかもしれないという希望をもち続けています。よく行っているサイクリングで出会いがあるかもしれませんし、スーパーマーケットで買い物をしている時に出会いがあるかもしれません。

　私は、1人でいることがいやではありませんが、その時間が長すぎると感じています。普段は、あまり自分が非常に孤独だという感覚はありません。それを強く感じるのは夜や週末です。年金生活に入ると日常生活を変えなければならず、1人であらゆる家事や雑用をしなければならないためにとても時間がかかります。特に、私はきれい好きなのでなおさらです。

　日中は家事や雑用を自分のリズムでしていますが、夜が近づいてくると孤独感が私を襲います。料理好きな私ですが、食べる時には気に入った食卓には座らないようにしています。なぜなら、食卓で食べると自分自身と「お客さまごっこ」をしている気分になるからです。そ

こで、食事はテレビのニュースを見ながらソファテーブルでとっています。

　そして、週末が最も辛い時間になってしまいました。もしかしたら、週末は家族や友人と一緒に楽しく過ごすものだという過去の記憶に基づく固定観念のせいかもしれません。それゆえ、週末にはリラックスをして、長い時間座って思いをはせることで時間をやり過ごしています。ありがたいことに、森と海岸の近くに住んでいるので、週末にはその環境を最大限に活かして楽しんでいます。

　自然のなかで過ごすことは心地よく、たくさんの家族が楽しそうに散歩をしている光景を見ることはよいものです。また、散歩をして楽しんでいる多くのカップルを見ると私も嬉しくなります。しかし、家に帰ってドアを閉めると「孤独」という感情がまた姿を現します。

　幸い、私は明るい性分で、「うまくいくだろう」とか「どんなことでもよい方向に進むものだ」という考え方を体得してきました。これが、私の楽観的な考え方を維持するのに大きな助けとなっています。さもなければ、私は自分の人生をここまで切り抜けてこられなかったと思います。

　現在、私は自分で自分を孤独に追い込んでしまっています。それはあまりよくないことですが、自分の病気について話した時の人々の反応が辛いので、ついそうしてしまうのです。余力がないから、周囲の世界から自分を隔離しようとするのではないかと自分では思っています。

暗闇の先には光がある

キアステン・マリーイ・ブーア・オールスン（Kirsten Marie Buur Olsen）
ヴァルビュー（Valby）在住、1932年生まれ

　それは、1953年9月の暑く美しい夜のことでした。私は、最愛の2人の子どもをベッドに寝かしつけました。夫は、スンラ・ブレヴァード（Søndre Boulevard）通りに住む父親の家にペンキを塗りに行っていました。私達はコペンハーゲン中央駅近くのスタンペスゲーゼ（Stampesgade）通りに住んでいたのですが、私は駅まで夫を迎えに行くことにしました。そして、同じマンションに住む年配の女性に、迎えに行っている少しの間、子どもの様子をのぞきに来てもらえないかと尋ねました。快く引き受けてもらったのですが、その女性は子どもをのぞきに来る前に眠ってしまったのです。

　マンションに帰ると、周りは消防車でいっぱいでした。子ども達がマンションのなかに取り残されていると知って、私達はすっかり動転してしまいました。私達の部屋が燃えているのが見えたので急いでなかに入ろうとしましたが、消防士に止められました。

　火が消えた後、許可を得て急いでマンションに入りました。消防士によると、火災の原因は電気のショートであり、子ども達は一酸化炭素中毒になってルードルフ・ベアウ（Rudolf Berg）病院に搬送され

たということでした。私達も病院に連れていかれましたが、到着した頃には子ども達はすでに亡くなっていました。病院の人は、「遺体を見ないほうがよい」と私達に言いました。

　それから何があったのかを覚えていません——教会で何があったのか、葬儀がどのように行われたのかも覚えていません。まったく記憶にないのです。私達夫婦は、その後、子どもの死について一度も話をしたことがありません。医者は私達に言いました。
「この悲しい出来事を忘れるためには、できる限り早く妊娠することだ」と。

　私は1か月間、両親のところに身を寄せることにしました。両親とも、このことについては一度も話をしませんでした。話すことができなかったのです。

　私は、すっかり内にこもってしまうようになりました。買い物をするために外に出ても誰とも話をしなかったし、友人のところに行くこともありませんでした。私は、殻に閉じこもってしまったのです。閉じこもること以外に何もすることができませんでした。すべてを自分の内に秘め、1人で対処することが悲しみを乗り越える唯一の方法だったのです。

　1954年には可愛い男の子を授かり、1955年には女の子が生まれました。その6年後には可愛い男の子がもう1人授かり、その後の数十年間は幸せな時期でした。ところが、1996年、悲しみが私達を再び襲ったのです。

　私の両親は、その頃すでに亡くなっていました。娘は素晴らしい男性と出会って結婚していましたが、娘婿は体調がすぐれませんでした。私と夫は、歩くのも辛そうな彼の具合を心配していていました。のちに娘婿は入院し、脳腫瘍との診断を受けました。入退院を繰り返しま

したが、治療の施しようがありませんでした。

　娘は彼を家に連れて帰って自分で看病することにし、私達もできる限りの援助をしました。折を見ては彼のところに行って枕元に座り、いろいろな話をしました。病気のせいで意識がはっきりした状態が2、3時間しか続かないので、話ができるのはその短い時間だけでした。衰弱していく様子は見るに堪えなくて、ついに私自身も心労から倒れてしまいました。

　彼は4か月の闘病の末、1996年の大晦日の朝に息を引き取りました。大きな悲しみが再び襲い、私たちを打ちのめしました。特に、娘にとっては耐え難い悲しみでした。彼の死について家族で話すことはあっても、ほかの人と話すことはありませんでした。他人と話すことなどできませんでした。

　これ以後、しばらくの間は悲しみがやって来ることがないだろうと思っていましたが、そうはいきませんでした。1999年11月8日の月曜日、夫がビリヤードに出かけました。少し元気がなかったのですが、その前にインフルエンザの注射を受けていたので、そのせいだと思っていました。私は買い物に出ていて、ちょうど家に戻った時に電話が鳴りました。ビリヤード場からの電話でした。夫は心停止で倒れ、ヴィズオウア（Hvidovre）病院に搬送されたということでした。私はパニックになりましたが、なんとかして娘の職場に電話をかけ、すぐに来てもらいました。夫は蘇生術を受けて助かりましたが、意識は戻りませんでした。想像を絶するほどの辛い時間でした。

　私達は、夫が死ぬまでの最後の6日間、昼夜を問わず付き添いました。3人の子どもと孫は交代で付き添っていました。最後に夫は、ベッドサイドにいる私と娘の腕に抱きかかえられるようにして静かに息

を引き取りました。49年間連れ添った愛する夫に別れを言うのはたいへん辛いことでした。ヴィズオウア病院の人達は、とても感じがよく親切でした。私達が安心して看病に専念できるようにあらゆる方法で支えてくれたので、とてもありがたく思いました。

　私は、再び悲しみを心の内に秘めることにしました。家族のなかでは夫の死について少し話をしましたが、他人と話すことはできませんでした。同僚とプライベートの付き合いはまったくなかったので、職場で親しくしている友達はいませんでした。私は、悲しみを自分だけで抱えこんでしまいました。じっと１人で座って、長い時間を過ごしていました。悲しみをどのように乗り越えればよいのか分からず、ただ時間だけが過ぎていきました。

　それから５週間もたたないうちに、また悲しい出来事が起こりました。1999年12月22日の水曜日、娘と次男夫婦が突然私の寝室にやって来ました。早朝の６時30分だったので私はたいへん驚いたのですが、その様子を見て何かよくないことが起こったとすぐに分かりました。娘は次男の妻から電話を受け、私のところに重い足取りでやって来たのです。昨日の夜に、私の長男が45歳の若さで亡くなったのです——長男も、心停止による死亡でした。

　その時、私は本当に自分の人生が終わったと感じました。これから先、長男の死という辛すぎる出来事を乗り越えて生きることなどできないと思いました。娘も次男も、何が起こったのかをすぐに私に告げることができなかったようです。私がショックを受けて、その場で死んでしまうのではないかと思ったのです。しかし、私は不思議な方法で自分の悲しみを閉じ込めてしまいました。私はガラスケースのなかで生きるかのように、周囲の出来事をあまり感じないように感覚を閉ざしました。

96　高齢者の孤独——25人の高齢者が孤独について語る

暗闇の先には光がある   97

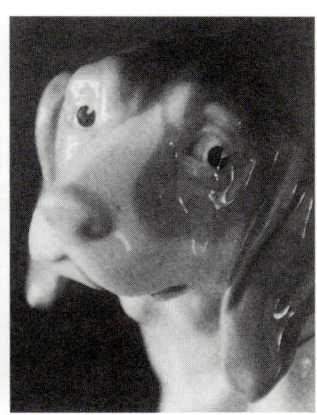

長男は、亡くなった次の日、12月23日に荼毘に付されました。夫の葬儀の時に長男は、「いつか自分が死ぬ時には、歌など歌わず静かに執り行ってほしい」と話していたので、私達はそれに従いました。
　それでも、私は長男がまだここにいるような感じがしています。私は悲しみを乗り越えてきましたが、正直なところ、今日になってもまだ何が起こったのかをよく理解していません。
　私はまた、ほとんど1人で家に閉じこもるようになりました。実は、私は1人でいるのが嫌いではありません。私には悲しみを表現する方法が分からないし、話すこともできません。内に閉じこもって、自分を閉じ込めています。私の娘がすぐそばに住んでいるので、以前からよく一緒に過ごしましたし、今でもしょっちゅう一緒にいます。しかし、家族以外の人を自分の人生のなかに巻き込んだりはしません。今までそんなことをしたことがないし、どうすればよいのか分からないのです。乗り越えて生きる唯一の方法が自分を閉じ込めることなのです。
　人生は不公平だとつい考えてしまいますが、そんなことを考えても何にもなりません。前に進んでいかなければならないし、すでに起こってしまったことについて悶々と考えないように心がけなければなりません。人間とは信じられない力をもっていて、多くの悲しみを乗り越え、そして再び水面に浮上することができるのです。でも、時には誰かに引き上げてもらわなければなりません。
　私の場合、娘と息子に引き上げてもらいました。長い間、昼夜を問わず私のそばに付いていてくれた娘には特によく助けてもらいました。しかし、それでも私の人生は悲しみを秘めたまま淡々と前に進んでいきます。私は5か月間閉じこもった後、今度は自分の余生で何をするかを考えようとしました。1日中座って、外をぼんやり見て時間を過

ごすのではなく、家から外に出るように努めました。

　私は、ヴァルビュー（Valby）のガメル・イェアンベーネヴァイ（Gl. Jernbanevej）通りにある「ヴァルビューケアセンター」という高齢者や早期年金受給者のためのアクティビティセンターについて聞いていました。それまでに何度も通りかかったことがありましたが、自分には関係ないと思っていました。

　私は、申し込みをして行ってみました。初めは少し不安でしたが、行ってみると、それまで決してこんなに親切にしてもらったことはなかったというほど、とても温かく受け入れてもらいました。そこに通うことで、私は大きな悲しみを少し乗り越えることができたと思います。私は、今もそのセンターに行ってほかの利用者とともに楽しく過ごしています。

　しかし、私達は自分達の過去については決して話をしません。みんなは私が大切な人を失ったことを知っているし、私も彼らについて少しは知っていますが、私達はその話題を出しません。みんな、そんなことをうまく話すことができないし、むしろ今の瞬間を楽しく生きて前向きでありたいと思うからです。だから、互いの家に遊びに行くといった個人的な付き合いはせず、センターで会うだけです。センターから家に帰ると、私は1人で過ごしています。もちろん、娘と一緒に過ごすこともあります。

　しかし、私の心のなかには人生のたくさんの悲しみが生き続けています。それらは心の裏側に潜んでいて、決して消えてなくなることがありません。

部屋の隅々まで
知り尽くして

ビアデ・トリーア（Birthe Trier）
グレーヴェ（Greve）在住、1922年生まれ

　私の80年の人生を振り返ると、改めて喜びや悲しみがあったことを思い出します。常に人生を楽しんできましたが、ここのところ少し退屈になってきたと感じています。孤独な人々の仲間入りをしなければならなくなりました。それは、きっと避けられないことなのでしょう。

　我が家のリビングルームにじっと座って過ごすことが多い私は、部屋の隅々まで何があるのかを知り尽くしてしまっています。それが、耐えられないほど辛く感じられます。自分の家で気に入っているのは長男がくれた子犬で、目のなかに入れても痛くないほど可愛がっています。自分以外に動物が家にいるということは本当に嬉しいことです。まだ2歳で世話が必要ですし、遊んでやらなければなりませんが、子犬は家のなかを明るくしてくれます。

　明るく楽しい人生を強く望むのであれば、たいへんであったとしても自ら努力しなければなりません。老いると、たいへんなこともいろいろあります。息子はよく、「お母さん、誰かがドアをノックして『来たわよ！』と訪ねてくるんじゃないかなんて期待してちゃだめだよ」と言っていました。それはよく分かっていますし、自分ではあらゆる

努力をしてきたと思っています。

　私は、4年前に夫を亡くしました。それは辛い出来事でした。亡くなるまでの4年間は病院の入退院を繰り返す生活で、私も一緒に病院に付き添っていました。夫は話すことも書くこともできなくなってしまい、サインやおかしな身振り手振りで意思の疎通を図っていました。それは、毎日が闘いでした。夫を失うのではないかという恐れを常に抱きながら過ごす厳しい時期でした。私の家族は大家族ではなく、子ども夫婦、孫、ひ孫くらいしかいませんが、残念なことに、ほとんど会うことがありません。彼らには彼らの生活がありますし、私には私の生活があるからです。

　夫が亡くなるまでの最後の1年間は家族の行事や集まりにも参加できず、辛い1年でした。激しい発作がいつ起きるか分からなかった夫は外出することもできませんでした。それが理由で、家族とも疎遠になってしまいました。仕方がないことですし、家族が訪ねて来てくれなかったことには私にも責任があると思っています。私は地方新聞の広告欄に投稿して、一緒にトランプをしたりコーヒーを飲んでおしゃべりしたりする友達を募集したことがありますが、誰からも連絡がありませんでした。人は自分に正直にならなければなりませんし、他人を愛し、人生を楽しくするために自ら行動を起こさなければなりません。これを、人は「セルフヘルプ」と呼ぶのかもしれません。

　私には、教会から毎月1回訪問してくれる素晴らしい人がいます。ドアを開けると、いつも彼女はあふれるような笑顔を見せてくれます。彼女は、何でも話せる私の大好きな女性です。

　私は、家族に対してひそかにお願いしたいことがあります。以前は楽しいことや冗談が大好きな、明るくて快活な私であったことを忘れないでいてほしい、ということです。家族とは実際に会うことがない

ので、こんなことを言うと奇妙に聞こえるかもしれません。私は、長い時間を経て、以前の自分からずいぶん変わってしまったと感じています。

　私は、自分の内面を他人に見せたりしません。というのも、自分自身の個人的なことだからです。心のなかというのは非常に広い世界ですが、他人から尊重してほしいと思っています。

　私は電話帳で古い友人を探したことがありますが、みんな亡くなってしまったようで、1人として残っていませんでした。私は大好きだった人をたくさん失ってしまい、無人島に取り残されたような気分になりました。

　なかなか気づかないものですが、すべてのことには意味があります。また、思い出は大切にすべきです。人生なんてどうでもよい、と投げやりに感じている人には、「人生捨てたものじゃありませんよ。昔の楽しいことを思い出してごらんなさい」と言ってあげたいです。充実した素晴らしい老後を過ごせるように、高齢者はもっと助け合うことができるのではないでしょうか。そして、もっと一緒に過ごすことができるのではないでしょうか。

　また、毎日がビーズ玉のように同じことの繰り返しで変化がない時は、特に、朝起きて何か明るいことを考えるようにすることが必要です。しかし、自分では両手いっぱいのものを抱えているつもりなのに、それを受け取ってくれる人がいないというのはとても辛いことです。「私は何のために生きているのだろう。私のこと、そして私のもつ知識を必要としてくれる人なんていないじゃないか」などと考えてはいけません。必要としてくれている人が必ずいるはずです。私は孤独感に浸りつつそれなりに前向きにやっていますが、ここに至るまでには内面の葛藤がありました。何か明るいことを考えて、それを膨らませ

ていくこと、そして大きな喜びも小さな喜びもしっかりとつかまえてそれを味わうことが必要ではないでしょうか。

　私の住んでいる市には、物議をかもしている市長がいます。市長が先頭に立って、障害の有無に関わらず誰でも利用できる交流の場をつくるというような前向きな取り組みを実現してくれればよいのにと思っています。そんな場があれば、コーヒーを飲んだり、サンドイッチを食べたりしながら誰かとおしゃべりをして楽しく過ごすことができるでしょう。そんなところがあればたくさんの人が来ることと思います。

　市長は、地方新聞で「私達の市の高齢者人口は激増している」と言っていましたが、我々高齢者に何かすることを考えてくれないのでしょうか。市長自身も、いつかは高齢者になるということを分かっているのでしょうか。

　見栄えばかり重視されているようです。というのも、私達の市にはガラス張りでコンクリート造りの大きな施設ができたのですが、モダンで個性のない建物で、近代的な大聖堂のようです。半年間ほどここに通っていたことがあるのですが、スタッフは素晴らしい人達でしたが、あのようなモダンな環境ではくつろいだ楽しい雰囲気にはなりませんでした。

　朝のコーヒーをいただいた後にみんなで歌を歌う時間があったのですが、それが唯一評価できるこの施設のよい点です。歌が終わると、昼食の時間になるのをただじっと座って待ち、そして昼食を食べ終わると、午後のコーヒーの時間になるのをぽーっと待つだけでした。それが終わるとバスで家まで送ってもらいました。バスに乗ると活気が出てきて楽しかったのですが、これも数少ないよい点だったと言えるでしょう。

104　高齢者の孤独──25人の高齢者が孤独について語る

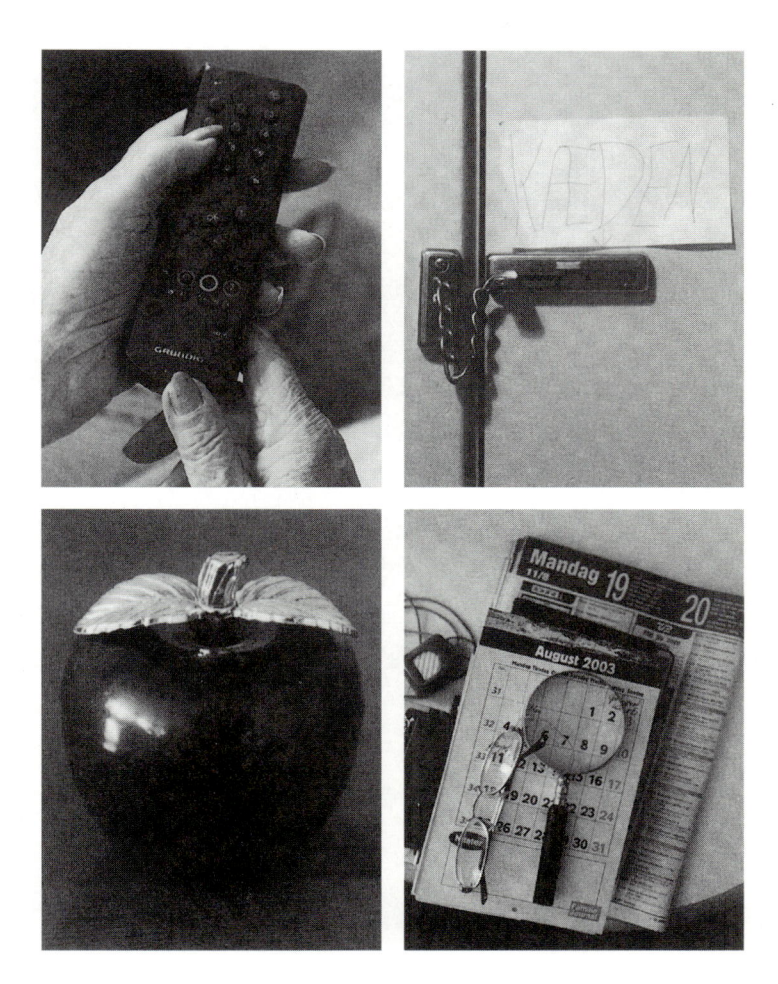

部屋の隅々まで知り尽くして　105

しかし、私にとってこの施設は人生の終末期を思い起こさせるもので、家にいるほうがましだと思いました。コーヒーを飲みながらおしゃべりをして、数時間を楽しく過ごせる場所があったらどんなにいいでしょうか。もちろん、市長が思いつきそうな人里離れた不便な場所ではなく、アクセスしやすい場所にこういう施設を造るべきだと思います。

　フンディーエ（Hundige）のショッピングセンターに何度か行ったことがありますが、誰かと話したい様子を漂わせながらゆっくりと歩き回っている高齢者をたくさん目にしました。実際に誰かと言葉を交わせる人もいますが、そうでない人もいます。私自身、いつも誰かとおしゃべりして、誰かの笑顔を見たいと強く思っています。それは、そんな難しいことではないでしょう。

　我々高齢者の経験から学びたい人はいないのでしょうか。私達の話を聞きたいという人がきっといるはずです。私の若い頃は人間同士の付き合いがもっと親密でしたが、現在はあまりありません。テレビの見すぎで目が四角になってしまう前に、昔のように人間同士の交流を復活させることはできないんでしょうか。

追伸
　私は81歳になりました。平均寿命より長生きさせてもらっているので、時間を大切に使わなければならないと思っています。

孤独に浸りたくない

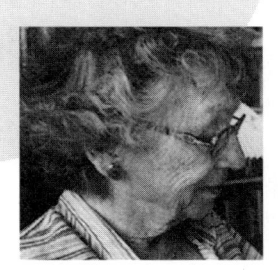

ユデ・リンデンストラム（Jytte Lindenstrøm）
ヴェアルーセ（Værløse）在住、1928年生まれ

　孤独とは、人間の一生を通してつきまとうものです。人と一緒にいる時に孤独であることも珍しくありません。特に、高齢になると孤独を感じることが多くなるでしょう。実際に経験して初めて人はこの孤独という真実を理解し、そしてそれをなんとか変化させようとするものです。そうしなければ孤独は耐えがたい苦しみへと変わってしまい、人生を空っぽなものにしてしまいます。

　孤独が高齢期の一つの特徴だ、と考える人もいることでしょう。孤独を、脇道に追いやられてお迎えが来るまで駐車している車のような状態だととらえるのであれば、孤独な人生は苦しいだけのものになってしまいます。

　ここで、私の人生について少しお話したいと思います。
　私は75歳で、重度の視力障害があり、ここ数年は聴力障害ももっています。2年前に夫が亡くなり、娘は32歳で亡くなりました。50歳と45歳の息子がいますが、次男は精神障害を抱えており、精神障害者向けの施設で生活しています。長男は結婚していて2人の子どもがいま

す。夫の死後、私は２部屋ある高齢者住宅に移りました。孤独にひたる時間はいやというほどありますが、そんなことはしたくありません！

　私は、子どもの頃から孤独を知っていました。一人っ子のため一緒に遊ぶ兄弟がいなかったのですが、両親は兄弟の代わりに遊んでくれたりしませんでした。もちろん、父も母もやさしくいい親で、ちゃんと食べさせてもらい必要な世話もしてもらいましたが、それ以外は放任状態でした。良くも悪くも、当時は今ほど遊び道具がなく、ラジオやテレビもありませんでした。大人の目の届く範囲内ではありましたが、自分の置かれた状況を見極めて自分で対処しなければならず、それを学べたことはよかったと思っています。

　このような状況で、私は自分の想像力を膨らませていきました。そんな環境に置かれたことは幸運だったと思います。

　人間は、長寿の恩恵を受け、長い人生を送るようになります。人生の出来事は流れるように過ぎていきますが、人間が経験したことは人生から消えることはなく、その後の行動を左右します。

　ある日、ふと気づくと、私は仕事、夫、子どものことで忙しかった生活を終えて１人ポツンと取り残されていました。まったくの１人きりでした。私の人生経験など誰も必要としてくれません。部屋の四つの壁と、そこにかかった写真。それが私のもつすべてなのです。

　人生の通話は、受話器が置かれたために切れてしまいました。突然、孤独の腕が私の体を締め付けてくるようでした。長い睡眠、親切なホームヘルパーの訪問、掃除、疾病手当。次の訪問日を決めるためにかかってきた電話のベル、そこに私は座っている！

　独りぼっち。完全に独りぼっちです。太陽の光が窓の隙間から帯のように差し込み、光のなかで踊るほこりのダンスが見えました。独り

ぽっちですが、孤独ではありません。心のなかでは、人間同士の愛情と温かさを感じることができます。私には信頼する２人の息子と優しい義娘、そして２人の孫がいます。

　昔からよく言われていることですが、家族は私にとって最も大切な存在です。よく遊びに来てくれて、私の生活を気にかけてくれます。しかし、彼らが所用で来られない時にも私は楽しく過ごしたいと感じています。子どもの頃と同様に、今も創造力と想像力をはたらかせなければなりません。子どもの頃のように体を激しく動かすことはできないので、その頃とは違った活動が中心になります。

　壁紙についたシミから想像を膨らますだけではなく、さらに一歩進んだことを考えます。目についたものを描いてみよう。結果は考えずに、自由に描いてみる。近くのおもちゃ屋さんに行けば、Ａ４サイズのお絵描き帳と色鉛筆を数クローネで買うことができます。私は自分で買いに行き、それらを活用して楽しんでいます。私は視力障害があるためあまり見えないのですが、自分が感じたことや考えたことを形や色にしています。

　高齢者が好んですることの一つに、自伝を書くということがあります。自伝以外の小説や詩を書く人もいます。高齢者のもつ自由な時間を孤独にひたることに費やすのではなく、前向きで創造的なものにあてることはよいことです。

　「言うは易し行うは難し」と言われるかもしれません。確かに、そうでしょう。実際には難しいものです。車椅子利用者で介助者に助けてもらわなければならない人は、何でも自分で決めることができず相手の都合が優先されることがあります。しかし、お絵描き帳と色鉛筆さえあれば、何時間でも１人で楽しむことができます。私の知り合いで、孫の絵を描く人がいます。私が描くものとは違いますが、彼女はとて

110　高齢者の孤独——25人の高齢者が孤独について語る

孤独に浸りたくない 111

も楽しんでいて、また描きたいと話していました。とてもよいことだと思います。

　ラジオとテレビも娯楽としては優れたものです。読書が好きならば、娯楽、情報収集、勉強の材料が山となるほど見つかります。視覚障害者には大きな文字で書かれた本もあります。それでも読めない人にはたくさんの録音図書資料があり、私もそれらを活用しています。

　時には孤独が私に忍び寄ってくることがありますが、私は気づかないふりをして、お絵描き帳を手に取って描いて忘れるようにしています。

　もう一つ言っておかなければならないことがあります。私は、週末には特別な過ごし方をするということです。曜日によって違いをつけるわけですが、土曜日と日曜日にはパン屋さんで朝食のパンを買い、夕食には赤ワインを飲んで夫と子どもがいた頃のことを思い出します。

　1人でいる今より当時のほうが楽しかったです。昔よりもいいことと言えば、今は夕食に何を食べるか、そしていつ食べるかを自分で決められるということぐらいです。そう、たとえ小さなことでも、ほんの少ししかないとしても、今自分がもっているよい面に目を向けなければならないのです。

自分の気持ちを
話すことの大切さ

ユダ・ケーア・ピーダスン（Jutta Kjær Pedersen）
ビアゲレズ（Birkerød）在住、1938年生まれ

　私はアルバツロン（Albertslund）に17年間住んでいましたが、その後、精神障害をもつ息子の事情で地方に引っ越しました。代替要員として仕事をしたり、失業中は、高等教育進学予備課程で勉強したり生涯学習コースで学んだりしてたくさんの友達をつくりましたが、正規の仕事は見つかりませんでした。楽しい雰囲気が感じられた教区センターにはよく行き、講演会にも参加しました。
　そして、孫が生まれることになり、人に貸していたマンションがあるシェラン島に戻ることを決意しました。すぐに仕事は見つかりましたが、残念なことに、ストレスで2年後には辞めざるを得ませんでした。その2年の間に、ずっと住むことができるマンションがうまく見つかりました。しかし、ユトランド半島に住んでいた頃の友人とは疎遠になってしまいました。友人達に連絡を取り続けようと試みたのですが、いつも私のほうから連絡をとらなければならないことに疲れて、次第にそれもやらなくなってしまいました。
　仕事を辞めてしまってからはとてもたいへんでした。私は、ずっとコロニーハーヴェ(1)がほしいと思っていたのですが、それをついに手に

入れることができたのです。コロニーハーヴェでは本当に楽しい人との触れ合いがあったのですが、健康上の理由と経済的な理由で４年後には売却をしなければなりませんでした。今でもその頃のコロニーハーヴェ仲間とは交流があり、心の重荷を軽くしたい時にはそこに遊びに行きます。そこには身分や職業の違いがなく、みんなが仲良くしていました。

　ここに引っ越してくるまで身分や職業の違いについてなど考えたことがありませんでしたし、近所の人に挨拶をしないなどということもなかったです。今、話すのは、両隣に住んでいる人と向かいに住んでいる人だけです。彼らがいなければ、ここで住み続けることはできなかったと思います。あまりにもよそよそしい態度の人ばかりで、最初はショックで言葉を失いました。

　長い間仕事をして多くの仕事仲間と付き合ってきましたが、退職した今、64歳でここに１人きりで座っているという辛い事実に気づきました。残りの人生は前向きなことに取り組んでいきたいと思っているのですが、いったいどうすればいいのでしょう。

　そこで私は、地域の年金受給者センターを訪ねてみました。長い時間をかけてすでにできあがっているグループのなかに入っていくのはとても難しいことでした。最初の数か月間はとてもきつかったです。誰とも話さずにじっと座っているか、時間ができたらいつかはやってみたいと思っていた趣味活動（絵画、コラージュ、紙漉きなど）に打ち込むことにしました。私がもっと年をとるまでにやってみたいと思っていることはたくさんあります。新しいグループに入る気持ちやエネルギーをもち続けることは難しいですが、自分にはほかの人と同じようにグループに入る権利があるのだと、自分で自分に言い聞かせています。

私のことを心配してくれる人は自分以外にいません。残念なことに、私達は心から互いを理解し合うほどの付き合いはしておらず、高齢であるがゆえにたまたま出会って表面的に付き合っているだけの仲なのです。私は、自転車に乗ることができなくなったらどうしようと恐れることがあります。

　幸いなことに、私には子どもが2人と孫が2人おり、時々は会っています。しかし、みんな自分のことで精いっぱいで、毎日会うというわけにはいきません。昔より人々は、自己中心的になってしまっていると思います。

　1人の子どもが精神疾患を患っていて、それが理由で私の人生が大きく変わりましたが、そのことをオープンに人に話すようになってからはかなり楽になりました。精神安定剤を飲んだり、アルコールに頼ったりして問題を回避しようとしてもそれが消えるわけはなく、まったく無意味なことです。私はそんなことをしたことはありません。ほとんどの人は、問題を抱えているのが自分だけだと思いがちで、現に私もそう思っていたのですが、のちに同様の問題を抱える人を3、4人見つけました。

　グループによってはちょっとしたことに我慢のできない人がいてうまくいかないこともありますが、私はあまり気にしないようにしました。それが難しい時もありましたが、もともと失うものもありませんので。

　自分と似たような境遇の人を見つけるために新聞に広告を出そうかと思いましたが、波長の合う人を見つけることは難しいと思います。

---

(1) 野菜、草花などを栽培するための土地。区画内に小さな小屋を設けているものも多い。自治体またはコロニーハーヴェ協会が所有していて、市民または協会員に貸し出す。庭のない住宅が多く存在する比較的大きな町にあることが多い。

116　高齢者の孤独──25人の高齢者が孤独について語る

自分の気持ちを話すことの大切さ　117

相性が合うかどうかは会ってみるまで分かりませんし、そんなリスクを冒すだけの勇気はありません。若い時ならもっと気軽にできたと思います。年をとってからは、人生を豊かにしてくれる人とともに過ごしたいという思いが強くなっています。

　私は、旅行のパートナーを見つけるために新聞に広告を出そうと考えたことが何度もあります。以前は1人で旅行をしても問題はなかったのですが、年をとった今、旅先で病気になったり非常事態が起こったりした時のことを考えてしまい、一人旅はよくないのではと思っています。そう言っていても、きっと私は一人旅をしてしまうでしょう。私がこの年齢で一人旅をしていることを話すとみんなとても驚きますが、なぜ年をとったからといって旅することをあきらめなければならないのでしょう。

　旅先で、多くの素敵な人達と出会いました。仲良くなった人にデンマーク人はいませんでしたが、一人旅をしている人だけでなく夫婦連れの方もたくさんいました。

　一人旅でやっかいなのは1人で過ごす夜です。そこで私は、メインの食事を昼にとり、夜は絵を描いたり本を読んだりして過ごすことにしています。いつもツインルームを予約し、誰かと出会ったら一緒に宿泊できるようにしています。若い人と一緒に泊まったこともありますが、問題が起きたことはありません。もちろん、何か危険なことが起こるかもしれないことはよく分かっています。

　突然、独り身になった人が恐ろしい気持ちになることは理解できます。信じられない人もいるかもしれませんが、孤独になることはとても辛くて厳しいことなのです。自分が孤独になって初めて、長い間独り身である人がどんな思いをしていたかに気づくのです。1人になると、よいこともありますが辛いこともあるのです。

孤独という概念に関する考察

ルーズ・ラースン（Rud Larsen）
ヘアリウ（Herlev）在住、1931年生まれ

　孤独感の特徴とは何でしょうか。私が孤独にまつわる感情について論じる時に問題にするのは、感覚ではなく、内面の「自己」における意識的な認識です。「自己」にとって、実際に経験した感情は絶対的な真実になります。つまり、現実として感じられてしまうのです。
　どんなに洞察力があったとしても、他人の感情を完全に理解することは不可能です。痛みを理解することと同じです。例えば、2人の人間が頭痛を感じているとしましょう。痛みの種類と強さは同じです。それでも、一方の人は医者に行くほど辛く感じるが、もう一方の人にとっては大した辛さではなく、自然に治ってしまったりすることがあります。感情についても同じことが言えます。感情を自分で処理して問題につながらないようにできる人もいますが、一時的な感情を、この世の終わりのように大げさに受け止める人もいます。
　自分の人生を振り返ってみると、私はずっと孤独でした。つまり、孤独だという認識は当時にはなく、あとで振り返って合理化した結論だということです。
　私はコペンハーゲンで生まれ育ち、9歳になるまで兄弟も従兄弟も

おらず、大人に囲まれて育ちました。1930年代と1940年代の初めに幼少期を過ごしましたが、当時のデンマークで楽しみと言えば家で人が集まることぐらいでした。集まるのは大人だけで、子どもはいませんでした。大人同士の関係と世界が中心となっていました。両親はどこの家に行くにも子どもである私を連れていかなければならないので、私は小さい頃から大人が手を焼かないように利口に振る舞う方法を学びました。

　大人になった今、当時を振り返ると、自分が孤独と感じていたかどうかは分かりません。でも、無意識に自分は邪魔な存在だと感じていたのではないかと思います。

　そのような人生のスタートは生きるうえでの自分の基盤となり、自分で気づかないうちにその基盤を固めていったように思います。基盤はなかなか崩れるものではなく、自分自身にしっかりと根づいてしまうからです。

　コペンハーゲンのチボリ公園(1)に、レールの上を走るビンテージカーのアトラクションがあります。例えば、1人の母親が5歳の男の子をそのような車に乗せるとしましょう。ビンテージカーはレールの上を走り、男の子はハンドルを回します。男の子は自分が車を操って動かしていると思っていますが、母親は、レールが車を動かして右に曲がったり左に曲がったりさせているということを知っています。

　人生も同じようなものです。私達はみんな、人生を思う方向に進めようとハンドルを操ろうと試みます。自分で操れると思っているのですが、最後に自分の下を見ると「レール」があることに気づきます。私達が走っているレールは、家庭、環境、社会（文化的あるいは政治的）です。しかし、いつか私達は、操ることができると思っていた人生は思った方向に進んでいっていないことに気づきます。何が悪いの

だろう？　レールだ！　レールは錆びて壊れかけている。そして、車はビンテージカーです。

　実際に私達は、自分が育ってきた家庭や社会については何も分かっていません。私達が知っているのは、家庭や社会を自分がどのように認識しているかということだけです。まったく同じ環境で育った兄弟が、自分の両親や環境について異なった認識をもっていることからも分かるでしょう。

　もちろん、これは仮説にすぎませんが、私は今述べたような人生のスタートを経て、自分が人から離れて１人でいることを好むようになった気がします。私は26歳になるまで親元に住んでいて、その後独り暮らしを始めました。２部屋と納戸がある新築のアパートに入居し、家族ができても住み続けられるようにしたいと考えていました。それから６年間を「孤独」に暮らし、その後、結婚しました。独り暮らしをしていた６年間は１人で食事をつくり、１人で食べることを寂しく思っていましたが、母がつくってくれた料理ぐらいのレベルは保とうと頑張りました。

　私達は、２人の子どもに恵まれました。結婚してから11年たった時、子どもは７歳と８歳になっていましたが、妻が別の男性を好きになり「別れたい」と切り出しました。それは、私にとっては心を握りつぶされるほど辛いことでした。何とかして私達の関係を立て直そうと試みましたが、やはり無理でした。

　妻は、子どもの親権をもちたいと主張しました。私も子どもを手放したくなかったのですが、理性的に判断して争い事を避けようと自分を抑えました。親がもめると子どもが辛い思いをすることになると思

⑴　1953年に建てられたコペンハーゲンの中心部にある遊園地。市民の憩いの場となっている。

122　高齢者の孤独──25人の高齢者が孤独について語る

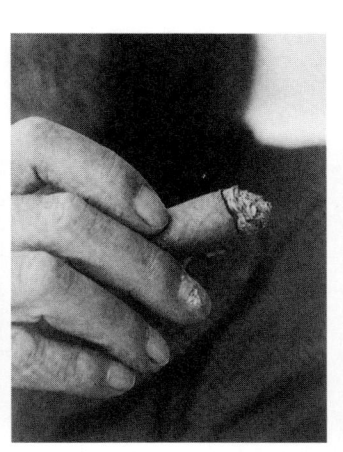

孤独という概念に関する考察　123

い、親権をあきらめたのです。

　妻はその男性と結婚し、子ども達は新しい父親と暮らすことになりました。私は敗者となってしまいました。子ども達が望まない限り、私と子どもとの暮らしは戻ってくることはありません。妻は、自分の主張をはっきりと言いました。

　私に、これ以上夫として望まないこと、「自分の」子どもの父親として望まないこと。

　妻の言い分を聞いて、私はその後いろいろなことを考えました。たくさんの疑問がわいてきましたが、その答えを探しても辛いだけでした。その後、妻は「私達の」子どもという表現しか使わなくなりました。しかし、妻は別の男性と結婚した時に、私に断りもせずに子どもの姓を男性の姓に変更しました。そのことを、私は後で子どもから聞いて知りました。

　私は、本当は「孤独感」という概念を単純に「孤独」としてとらえています。自分を気遣う力が低下していて、自己否定の状態です。理想主義者で、自分が犠牲者で、いつも人に与えているほうであると感じているわけですから、必ず周りの人がお返しに私を励ましてくれているだろう、と期待しているのだと思います。しかし、自分自身について感じていることが本当に正しいのかどうかは分かりません。

　孤独感を感じると、私はまず自分に尋ねます。

　私がどんな間違ったことをしたのだろう？　どうして報われなかったのだろう？　私はいつも正しいことをしようと心掛けてきたのに、どうしてこうなったのだろう？

　何をする時にも心をこめてやって来たわけだから、自分がしたことに対して自信をもてばいいのに、なぜかそうならない。

　私が感じてきた感情や他人に対して感じている感情は、私だけのも

のです。自分でそのような感情をもつことを嬉しく感じたり、やり過ごそうと処理したりすることもできます。しかし私は、他人に対して、こう感じてほしいと期待することはできません。私は、自分の感情を他人にぶつけることは決してできないと思います。それは、個人の尊厳をおびやかすことだからです。

　物事は、うまくいきさえすれば種をまいた分だけ収穫をすることができます。生きる喜びや共感、寛容といったものを率直に示せば、同じようなフィードバックを受けることができるでしょう。それに反して、感謝や評価を収穫として受けたいと期待して行動すれば、種をまくことは無意味なことです。何事も、愛情をもって行わなければならないからです。また、人生は面白くてやりがいに満ちているので、感謝や評価などを期待せずに人と付き合うと考えるからです。

　私自身、人との交流を求めています。特に、残酷に引き離された自分の子どもとの交流がなくて寂しく思っていますが、子ども達に責任はありません。私が子ども達を恋しく思うのは自分の問題ですし、子ども達の問題ではありません。また、子ども達が私を恋しく思わないのであれば、それも私の問題です。横から口をはさむ勇気もなかったということを、自分で悟らなければなりません。育児という自分の責任分野はすでに他人に渡ってしまったので、横から口を出するということは対立を招くだけです。

　このような感情は、理解しようという努力の問題だと思っています。私は、自分がもち合わせているものや自分ができることに対して感謝していますし、自分がもっていないものやできないことに腹を立てることは避けたいと思います。

　ルイーズ・ヘイ(2)というアメリカのセラピストが書いた文章を引用します。

「私は、愛情に満ちた目で自分の過去を振り返り、自分の経験から学びます。この世界には、正しいとか間違っているとか、良いとか悪いとかいう区別はありません。過去はすでに過ぎ去ったことで、今あるのはこの瞬間です。私は、過去からこの瞬間まで歩んできた自分を愛します。自分がどんな人間であるかを他人に知らせます。人間はみな、霊的には一つだからです。私の世界のなかではすべてがうまくいくのです」

　これはまるで呪文のように聞こえるかもしれませんが、孤独感を和らげてくれる言葉なのです。

---

(2) (Louise Hay) 1925年生まれ。ヒーリングに関する著作物を多数執筆しているアメリカのベストセラー作家。日本で翻訳された本に、『こころがやすらぐ本』（矢萩とも子訳、大和書房、1997年）などがある。

良好なネットワーク

ランディ・ラースン（Randi Larsen）
オーゼンセ（Odense）在住、1934年生まれ

　孤独であることと1人でいることは違います。たくさんの人達と一緒にいても、孤独を強く感じることがあります。私は、人生のなかで孤独を感じたことが何度もあります。1人でいるのが苦手である、というのが一つの理由かもしれません。他の人達と一緒にいる時が一番楽しいです。私は1人きりで過ごすことがあまり好きではありませんが、年齢を重ねるにつれてそれに慣れてきました。

　最初に孤独を感じたのは子どもの頃でした。両親はごく普通の労働者で、母方の祖父母は救貧院の運営をしていました。私はその救貧院で過ごすことが多かったのですが、そこに住んでいるのはあまり活気のない人ばかりでした。

　私は自然とそこにいる子ども達とよく遊ぶようになりましたが、彼らは汚くてシラミだらけでした。そのような子ども達は公立の学校に通っていましたが、私の両親は私にもっとよい教育を受けさせたいと考え、高い授業料を支払って、富裕層の子ども達ばかりが通うフリースクールに私を行かせました。当時、労働者層とホワイトカラー層の間には大きな格差があり、それは子ども達の様子からも歴然としてい

ました。

　フリースクールの生徒達は私をいじめようとしましたが、私は幸い、勉強で落ちこぼれることがなく成績もかなりよかったので、いじめっ子達は私を打ち負かすことができませんでした。ただ、私を仲間はずれにしようとして、お誕生日会やパーティーに私を連れていかないようにする子ども達もいました。それはとても辛く、みんなが同じところに行こうとしているのに自分だけが行けない時には本当に孤独を感じました。

　両親は私が疎外感をもたないようにあらゆる配慮をしてくれましたし、苦労して稼いだお金を費やして、私に多くの素晴らしい経験を与えてくれました。スイミングに行ったり、ボーイスカウトに入ったり、体操教室、フォークダンス、スポーツに通ったりさせてくれました。とても楽しくて、そのようなお稽古事のなかでは、私をありのままに受け入れてくれる友達がたくさんできました。

　今になって勉強を続けておけばよかったと思っていますが、当時、学校が楽しくてたまらないと思ったことはありませんでした。しかし、その後通ったエフタスコーレ[(1)]は楽しかったです。フュン島から、たくさんの同じような環境の子ども達が来ていました。

　それで、学校は十分と考えて就職することにし、14歳の時に2人の医師のところでクリニック・アシスタントの仕事を始め、3年間ほど続けました。

　12歳の頃から私の夢は看護師になることでしたが、看護学校に入学できる年齢になるまでにはあと半年間待たなければなりませんでした。当時は、今のような大学入学資格試験[(2)]はありませんでした。

　私は、看護師になる前にオレロップ（Ollerup）体操学校[(3)]に入りました。その頃が一番楽しかった青春時代でした。たくさんのよい友達が

できましたし、そこでは疎外感を感じたことはありませんでした。もし感じたとすれば、それは自分自身の責任でしょう。たくさんの友達ができましたし、今でも連絡を取り合っている人が何人かいます。知りあってから間もなく50年になるので、50周年のお祝いをする予定にしているのでそれを楽しみにしています。

私の最愛の人

　看護学校を修了し、資格を得て、最愛の人と結婚しました。結婚生活は39年間続き、その間に２人の女の子をもうけました。とても幸せな年月を過ごしましたが、ある時に夫がガンであることが判明し、片方の腎臓を切除しなければならなくなりました。再発しないことを願っていましたが、４年後には肺に転移していることが分かりました。医者によると、もはや手の施しようがないということで、痛みを感じたらまた来院するように言われました。

　当時の私達は、世界一孤独な人間だったと思います。私達は手を握り合って泣きました。そのような状況で、ほかに何ができるというのでしょうか？

　私達は、前を向いて進んでいかなければなりませんでした。私は、友人達に夫の病について話しました。友人の１人から南ユトランド地方によい鍼灸師がいるという話を聞き、夫が亡くなるまで３年半通い

---

(1)　（efterskole）デンマークの14〜18歳の生徒が入ることができる寄宿制の私立中学校。
(2)　（studentereksamen）高等学校卒業の際に受ける試験。
(3)　体操指導者養成のフォルケホイスコーレ（清水満編著『改訂新版　生のための学校』新評論、1996年を参照）として1920年に設立された学校。国際的にも名が知られており、世界各国から生徒を受け入れている。

ました。

　心の奥底では、鍼灸をしても助からないと分かっていました。しかし、何かをしてちょっとした励ましを受けることが大切で、それによって夫の寿命も延びたのだと思います。そして、１週間に１回は２人で遠出をして、２人きりの時間を楽しみました。

　夫は、血中のヘモグロビン値が低い時には病院に行かなければなりませんでした。病院のスタッフは非常によくしてくれました。私達が代替医療に通っていることを話すと、「それは、特に問題ないですよ」と言ってくれました。

　私達が病気に関してオープンにしていたことがよかったのだと思います。そうでなければ、孤独な日々を過ごすことになっていたでしょう。

　家族は私達を支えてくれました。困った時に友人の大切さが分かるということを、身をもって体験しました。私達から去っていったのはほんの数人でしたが、それでも夫はとても辛かったようです。

　私達は、子どもや友人達とできる限り一緒に過ごすよう心がけました。旅行にも何度も行きましたが、２人だけで行ったり、子どもや孫達と一緒に行ったり、親友達と行ったりしました。ですから、どのように夫との別れがやって来るのかを恐れながら家でじっと孤独に過ごす時間はあまりありませんでした。

最悪の体験

　1996年に夫は亡くなり、私は１人になりました。それは、人生最悪の出来事でした。幸い私には子どもや甥・姪、孫もいますが、夫の代

わりになるわけではありません。子ども達はとても優しくて、私を訪ねて来てくれますし、私を招待してくれたりもします。しかし、私の家には恐ろしい空虚感が漂っています。夫が亡くなった後しばらくは、私は居間にいることができませんでした。誰も座っていない椅子を見るのが耐えられなかったので、なるべく書斎で過ごしました。以前は、家に1人でいてもまったく何も感じませんでした。いつか誰かが帰ってきてドアを開けることが分かっていましたし、それまで1人で好きなことをしていればよかったのですから。

　しばらくは泣いてばかりいました。私が喪失感に耐えきれずに泣いていると、娘達が「第六感」で感じとるかのようにすぐさま電話をかけてきたり、私を訪ねてきてくれたりしました。でも、娘達も辛そうにするので、私は自分の感情をあまりぶつけすぎないように心がけました。

　長女は、夫が亡くなった2か月後に初めての子どもを出産しました。自分の父親に会わせることができなかったことを、娘はとても残念がっていました。

　それでも、私は前を向いて進んでいかなければなりませんでした。そのきっかけになるように、2組の友人夫婦が私をパリ旅行に誘ってくれました。とても楽しい旅行でしたが、帰宅すると落ち込んでしまいました。旅行から帰ってきて1人で帰宅するのは初めてだったので、辛くて泣いてしまいました。帰ると家は空っぽで、楽しい旅行の話をする人が誰もいないことは言葉にできないほど辛いことでした。これまで、帰宅後にそんなことを感じるなんて考えたこともありませんでした。友人に話すと、友人もそんなことは考えてもみなかったと話していました。私の話を聞いて、友人達は私が辛い思いをしたことを悟ったようです。

1人になってから初めて大人数のパーティーに行った時も、家族と一緒にいるにもかかわらず孤独感を強く感じてしまいました。横に夫がいないことを考えると、心が締め付けられそうでした。そして、並んで一緒に帰宅する人もいないのです。

良好なネットワーク

　幸いなことに、私には家族や友人がいるだけでなく、長年の間、親しく付き合っている女性ばかりのグループがありました。それは「サッカー未亡人」の集まりで、若い頃、夫が毎晩仕事の後にサッカーをしに出かけるので、家で子ども達と待っているのに嫌気がさした女性達が集まってつくったものです。サッカーが終われば夫は帰ってくるので孤独というわけではありませんでしたが、せっかくだから、妻同士でお付き合いをしたいと考えたわけです。

　その内の1人がいろいろと世話を焼いてくれて、私達は月に1度会うようになりました。とても楽しい集まりで、夫も交えてパーティーをしたり旅行に行ったりもしましたが、誰も疎外感を感じることなく親しくしていました。当時、集まっていたのは20人ほどでした。お付き合いが始まったのは30年以上前のことですから、少々メンバーの入れ替わりがありましたが、現在でも17人いて月に1度は会っています。

　会うと孤独感も癒されます。1人になったのは私だけではなく、ほかに8人が夫を亡くしたり離婚をしたりしています。

　グループの内、仲のよい6人が別の機会に時々集まっています。最初にこの仲間に誘ってもらった時、喜んで行くと返事しました。そうした集まりも、私にとっては心の支えとなりました。2か月に1度、

一緒に外で食事をしたり、毎年夏に1週間ほど旅行に行ったり、時にはレビューに行ったり、映画、コンサート、それから特に行き先を決めずに出かけたりもしています。どんな悩みも相談できるし、辛い時には慰め合ったりします。

　それでも、夫が亡くなってから初めて会う時には勇気が必要でした。「みんなは何と言うだろう？」、「泣かずに話すことができるだろうか？」などと考えました。

　たとえ望んでいたとしても、ずっと引きこもっているわけにはいきませんでした。バリアを突き破って会うことができた時にはすがすがしい思いがしました。というのも、恐れていたほど辛いことではなかったのです。自分の心の内をみんなに話しましたが、みんな私の気持ちを分かってくれましたし、何の問題もありませんでした。

　年に1回会う友人がいるのですが、それは看護学校時代の仲間で、落ち込んでいる私を一番助けてくれた内の1人です。同じ町に住んでいて、よくボーリングに行っているのですが、「一緒に行こう」と私を誘ってくれました。そこで私は幸運にも、妻を亡くして孤独な1人の素敵な男性と出会いました。私達は親しくなり、私の5人の子どもも彼のことを受け入れてくれました。このような関係がうまくいくためには、周りの理解がとても重要です。

　大きな庭付きの家に住み続けるのがたいへんなために引っ越しをしようと思いましたが、それならいっそのこと、小さな家を買って彼と一緒に住もうということになりました。仲良く楽しく暮らしていましたが、私達はそれぞれ、昔の幸せな結婚生活の思い出を抱えた2人の異なる人間であって、そのような2人が一緒に住むのがそう簡単なことではないと感じることもありました。意見が対立することがあり、そのような時には互いに歩み寄るように心がけました。それは、健全

134　高齢者の孤独──25人の高齢者が孤独について語る

良好なネットワーク　135

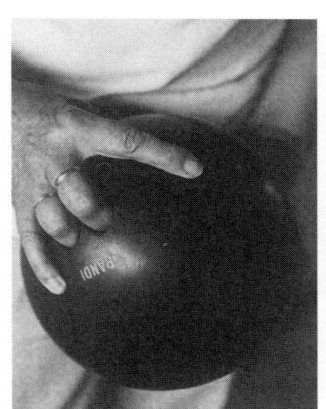

なことだと思います。歩み寄らなければ、互いの友人関係を犠牲にしなければならないことも出てくるからです。

　家に帰ると誰かがいるということ、そして誰かのために何かをするということは本当に嬉しいことでした。彼とは、亡くなった妻や夫のこと、そしてどんな生活をしていたかを率直に話すこともできました。タブーでも何でもありませんし、妻や夫の名前を言うこともできましたから問題はありませんでした。私達は、２人ともこうして孤独から抜け出したのです。

～　新しいショック　～

　しかし、楽しい時期は長く続きませんでした。一緒に暮らし始めて２、３年がたった時、彼がガンであることが分かったのです。９か月間、化学療法や放射線療法を続けましたが、治療の甲斐なく亡くなりました。愛していた人を再び失うということは言葉にできないほどのショックでした。孤独感が前回より強かったとは言えませんが、同じぐらいの強さで感じられました。そして、これからどうやって生きていけばよいのかが分かりませんでした。

　彼の看病を続けてきて、自分は一生看護師なのだと思いました。以前起こったことが同じ強さで再び私を襲い、前に進めなくなりました。

　しかし、彼のおかげで家族が増えるという幸運に恵まれました。彼の娘が同じ町に住んでいて、親しくしていました。一緒に話をして慰め合い、それが心の支えになりました。彼女は母親を亡くし、その４年後に父親を亡くすという二重の不幸に見舞われたわけです。

　父親が埋葬された日に結婚することになっていたのですが、もちろ

ん中止しました。彼女にとって、とても悲しいことでした。その日は気丈（きじょう）に振る舞っていましたが、その後、彼女がどんなに孤独を感じているかが痛いように伝わってきました。私は彼女の両親の代わりにはなれませんが、彼女が私を必要としている時にはそばにいてあげようと思いました。

　彼の亡くなる約1年前に、私の父が94歳で亡くなりました。1人になってしまった母親に、私は「近くに越してきたらどうか」と話し、私の家から500mのところに住むことになりました。

　母は88歳で、自立した生活をしています。ただ、買い物だけはできないので私が手伝っています。母も孤独な独り暮らしになってしまったので、近所に住んでもらったほうが助けることができると思ってすすめたのですが、母も賛成してくれてホッとしています。

　母は生まれてからずっとフュン島西部の地方都市に住んでいたので、この町に引っ越してくることは大きな変化となりました。しかし、高齢になってしまったので友人も家族もみんないなくなってしまいましたし、私が一人子だったために、母の世話をすることができるのは私だけでした。あの年齢で引っ越した母は、えらいと思います。

　私が辛く悲しい時、母は計り知れないほど大きな支えになってくれました。会いたい時に母のところに訪ねていきましたし、家族の集まりには連れだって行きました。それは、「自助のための援助」でした。

〜 つながりを保つ 〜

　私が人にアドバイスしたいことは、友人や家族との連絡を絶たないように努力しようということです。連絡を絶ってしまうと孤独に陥っ

てしまいます。いつも誰かが来てくれる、と期待することはできません。相手から連絡をとってくることもあるかもしれませんが、受け身でばかりいると、相手は連絡をしなくなってしまうでしょう。

　最初の夫と共通の友人のほとんどが、2人目の夫の葬儀に参列してくれました。それを、とても嬉しく思っています。私は、良好なネットワークをもっていることを大切にしなければなりません。

　1人きりでじっと座っていることに耐えられなくなってしまうことがよくありました。1人でいる時間が長いのですが、そうなるとはこれまで思いもしませんでした。そんな時は、誰かを家に呼んだり、自分で誰かを訪ねていったりしました。いつも温かく受け入れてもらいました。愚痴ばかりこぼさないように気をつけなければなりません。誰も、そんなことは聞きたくないものです。

　私は今でも孤独から抜け出そうと努力していますが、でも、もうずいぶん孤独から解放されつつあります。最も辛いのは、朝起きて予定がまったくない時です。ですから、前の日に予定を立てておくようにしています。

　私は2人目の夫と一緒に買った小さなテラスハウスに1人で住んでいますが、ここにずっと住むつもりはありません。近所に住んでいるのは働いている若い人達ばかりで、会うことがありません。そこで私は、自分が30年間にわたって住んでいて、娘2人も家族と住んでいるこの地域で、シニア向けコ・ハウジング(4)の入居申し込みをしました。1年以内に空きが出ればよいと思っているのですが、無理なら空きが出るまでここに住み続けるつもりです。

　母のことも考えなければなりませんが、母も、私がシニア向けコ・ハウジングに引っ越すことに賛成してくれています。そこに引っ越したとしても母の買い物をしたり迎えに行ったりすることができますし、

母が孤独になることもありません。
　私は失った人を決して忘れませんが、愛する人を失った辛さが少しずつ小さくなっていくことを望んでいます。

---

(4)　(seniorbofællesskab) 主に50歳以上のシニア達が数人集まり、食事など日常生活の一部を協同しながら住む居住形態。個人の住戸は、専用キッチンやトイレ、シャワー室のある独立したものとなっており、別に共同スペースが設けられている。

疎外感

マーギト・ヴィズベア＝クヌスン（Margit Hvidberg-Knudsen）
フォボー（Fåborg）在住、1929年生まれ

　私は、自分が孤独だと思ったことはありませんが、孤独と疎外感が同義であるならば、私は生れてからずっと孤独だったと言えるでしょう。孤独について書く前に、まず孤独という概念を定義しなければなりません。

　私の母は、周りに誰かがいないと「自分は孤独だ」と主張していました。しかし、1人で座っているから、あるいは話し相手がいないからといって孤独であるとは限りません。孤独とは、人の輪のなかで疎外感を感じることです。人は、多くの人が集うなかに座っていても疎外感を感じることがあります。私は社交的でいろいろな催しに参加していますが、自分が完全に参加しきれていない気がしています。私は様々な活動にかかわっているので、誰も私が孤独なんて思わないでしょう。たしかに、私には毎日何らかの予定が入っています。しかし、だからといって私が孤独でないとは断定できないのです。孤独は自分の内面だけの感情であり、自分が積極的に努力することでしか解消できないものです。今日でも、孤独感が私のなかにわき起こってくることがあります。

私は一人子で、親戚もほとんどおらず、会ったこともない従兄弟が2人いるだけでした。だから、大人から可愛がられて、何でも買ってもらって甘やかされてきました。母は、私を人形扱いしていたように思います。絹の洋服を着せられ、汚さないようにと、きつく言われていました。まるで自分が見世物のようにされていることが、私はとてもいやでした。

　私達は、コペンハーゲンのヴェスタブロー（Vesterbro）にある団地に住んでいました。団地の広場には一緒に遊ぶ女の子がたくさんいましたが、私が友達の家に遊びに行くことはありませんでした。誰も私を誘ってくれず、悲しい思いをしていました。

　誰かを家に誘っても、たいてい断られました。時々、お菓子で友達をつって家に来てもらいましたが、「わいろ」が切れると誰も来ることはなく1人になりました。私は、もちろん母親に不平を言いましたが、母は「そんなの悲しむことじゃない」と言うだけでした。私は仕方なく自分の部屋に閉じこもって、人形と一緒に遊んだり、人形の服をつくったりしました。私は編み物や洋裁が得意で、着せ替え人形で遊んだり、父がつくってくれた素敵なお人形の家で遊んだりしました。そうやって、自分で自分の現実をつくり上げて友達のことを忘れようとしました。

　私は、早くからピアノのレッスンに通わされました。上流の人々はそういうことをするものですし、私の母はとてもスノッブだったからです。母は何でも、実際よりも上品に見せようとしていました。来客があると私は見世物になり、ピアノを弾くように言われました。このようにリビングルームで過ごすこともあれば、私の部屋やキッチンで過ごすこともありました。普通の服を着て、服を汚さないか気にせずに遊べるよその子を私はうらやましく思っていました。

142　高齢者の孤独——25人の高齢者が孤独について語る

疎外感　143

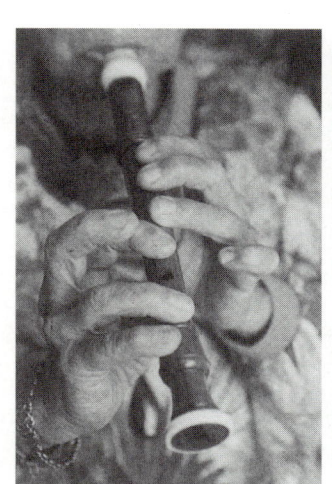

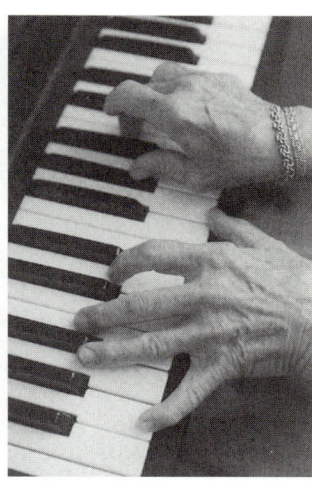

私は団地から外に出たくてたまらず、遊び相手がいそうな幼児保育所を近くに見つけ、そこに行きたいと母にせがみました。母は怒って、「そんなところは共働きの家庭の子どもが行くところだ」と言いましたが、何とか、毎日数時間だけは行くことを許してもらいました。
　私は、その幼児保育所が大好きでした。ほかの子ども達と同じようにお弁当を持っていきました。よその子どもと同じようにすることがたまらなく嬉しかったのです。この幼児保育所でのことが、子どもの頃で一番楽しかった思い出として心のなかに残っています。
　ほかに楽しかったのは、両親の友人が子どもを連れてきた時や、逆に私達が遊びに行った時に、子ども同士で枕投げをしたり、ボール遊びをしたりして遊んだことです。そんな時には、「お行儀よくしなさい」と言われることもなく、普通の子どもと同じように遊ぶことができました。
　私は、学校でも友達とうまく付き合うことができませんでした。イジメにあったりはしませんでしたが、教室で隣に座る人を選ぶ時には私を選んでくれた人は誰もいませんでした。残ってしまった私は、同じように残った人の隣に座りました。いつも連れだって遊ぶ仲良しの友達がいなかった私は、休み時間に楽しそうに遊んでいる人をうらやましそうに1人で眺めていました。その代わりに、私は教師からお使いを頼まれることがよくありました。放課後にクラスメートと遊ぶこともなかったのですが、誰かの誕生日パーティーには誘ってもらえました。
　6年生になる時、両親は、ガメル・イェアンベーネヴァイ通り（Gl. Jernbanevej）にあるレンセンスティーン（Rynsensteen）高校という女子校の中等部に転校すべきだと言って、私は中等部の1年生クラスに通うことになりました。その後、高校の言語コースに進んで卒業し

ました。しかし、隣に座る友達がいないのは高校に入っても同じでした。

　ティーンエイジャーになると、男の子と付き合っている女の子がたくさんいましたが、私には男の子と付き合うことが許可されませんでした。お利口さんで言いつけを守る私は、男の子と一緒に出かけることができなくてこっそり泣いていました。

　クラスメートの多くは、高校生の時にすでに恋人がいました。卒業パーティーの時、ある女の子が男の子に向かって「彼女はハズレくじだから選んじゃだめよ」と言っているのが聞こえました。私がほかの女の子とは違って、男の子と簡単に寝たりキスをしたりしないという意味だったのでしょう。

　このように、私にはみんなのように親友がいなかったので、子ども時代から付き合いが続いている友達は1人もいません。しかし、男の子とは女の子より気楽に付き合うことができました。とはいえ、表面的な友達ばかりで、ほかの女の子達のように決まったダンスパートナーはいなかったのです。それでも、一緒にエスロム湖（Esrum Sø）の周りを散歩したり、部屋でおしゃべりをしたりする仲良しの男友達が2人いました。

　私は、洋裁、編み物などの手芸やピアノの練習に没頭して日々を過ごしていました。パートナーがいなくてもできることばかりしていたわけです。また、その頃すでにガールスカウト運動に積極的に参加していたのですが、それが私にとって人との連帯感を感じることができる唯一の場でした。ガールスカウト運動の目的の一つは、個人が全体の行動にも責任をもつことを学ぶことで、それが連帯意識につながりました。人と一緒に何かをすることも楽しくて、特に問題を抱えている人を手助けすることに喜びを感じました。

～ 家族の崩壊 ～

　大人になってからは、家族と一緒に様々なレクリエーションを楽しんだり、数え切れないほど多くの組織にかかわったりしました。時には、することが多すぎてパンクしそうになったのですが、誰かに手伝ってほしいと頼まれると断れませんでした。きっと、無意識の内に何とかして誰かとつながっていたいと感じていたのでしょう。というのも、自分が中心にいなければまた疎外されてしまうからです。

　その頃、私に数々の不幸が襲いましたが、それでもひたすら生き続けている自分がおかしいのではないかと思ったことがありました。

　住んでいた農場の４分の１が嵐でやられてしまったすぐ後、夫が心筋梗塞で亡くなりました。私達は30年以上も別居していたのでそれほど親しい関係ではなかったのですが、それでも夫を亡くした喪失感に襲われました。また、娘は集中治療室に入ることになり、２か月間も入院していました。こんな不幸続きでも、私は変わらず生活を続けていました。

　そして、その２か月後には最愛のダックスフントが死に、同じ頃に娘が盲目になってしまって障害を抱えることになり、ついに家庭が崩壊してしまいました。私の明るい心に、メリメリとヒビが入って壊れていくのを感じました。夜も眠れず、疲れがとれないために朝も起きられず、「何のために起きるの？　私を恋しく思っている人なんていないのに。子ども達は自分のことで忙しくて、私がどうしているかなど気にかけてもくれない」などと考えていました。その内、「私はどうして生きているのだろう。私が生きているか死んでいるかなど気にかけてくれる人なんていないのに」とまで考えるようになりました。

今のところ、私は何事もなかったかのように振る舞っています。何が起ころうとも、微笑みながら受け止めています。だけど、それをずっと続けることなどはできないでしょう。

　私が再び立ち直れたのは、自ら動いて努力をしたからです。私は、まず子犬を買いました。子犬は私を必要としてくれます。私達はアジリティ競技(1)に参加したり、ドッグショーに出たりしました。

　ペット、特に犬は、他人とコミュニケーションをとるための一つの素晴らしい手段です。疎外感——孤独感——を回避するために、私はたくさんのことにかかわって活動しています。活動的でなくなると、疎外感という非常に不快な感情が姿を現します。すでに述べたように、そんな感情に対処できるのは自分だけなのです。

---

(1) 犬と人がチームを組んで競う障害物競走のようなスポーツ。

ペンパルをもつ喜び

ビアギト・ダンダネル（Birgit Dandanell）
ホルベク（Holbæk）在住、1939年生まれ

　私は、64年間の人生のなかで孤独を何度も感じました。孤独とは、奇妙な精神状態で、悲しみや喪失、敗北とともに大きくなっていくもの、そして多くの人がいつか必ず出合うものです。誰にとっても同じくらいの重みがあるかもしれませんが、誰もが同じようにうまく対処できるものではないし、周囲の人もうまく対処できるとは限りません。

幼少時の強烈な体験

　1942年、当時3歳だった私は中耳炎になり、耳のなかにおできができました。専門医に検査をしてもらいましたが、とても怖かったことを覚えています。医者は、耳のなかに消毒液を浸みこませた脱脂綿を、私が痛いと泣くまで耳の奥に入れました。そうすることで、耳のなかのどのあたりに炎症が起こっているのかを判断しようとしたのです。「手術が必要」というのが診断結果でした。「しなければ、耳が聞こえなくなります」と、医者は言いました。

手術の日、病院に行った時のことを今でもはっきりと覚えています。雨のなか、父と母にはさまれて歩いていました。歩道の縁石を下りるたびに頭がガンガンしました。

　サンクト・ヨーセフ（Sct. Joseph）病院は修道女によって運営されていました。病院のなかに入ると、自分がここにしばらくいなければならないこと、そして両親は家に帰らなければならないことが分かり、私は母のスカートをひっぱって恐怖で泣き叫びました。無理に部屋に連れていかれてドアが閉められました。

　大きな声で泣いたので、遠くのほうまでパニックに陥っている様子が聞こえたと思います。突然、「ここには君の居場所はないよ」という子どもの声がしました。「私だってこんなところにいたくないわ」と、私が泣きじゃくりながら顔を上げると、2段ベッドが三つあり、驚いたような顔をした子どもの顔がベッドの柵からのぞいていました。

　手術はうまくいきましたが、耳の後ろに穴を開けたので、傷口が閉じるまでしばらく時間がかかりました。手術はいやな経験でしたが、キリギリスの鳴き声を自分の耳で聞くことができるようになってありがたいと思いました。でも、現在、この年齢になってからはそんなによく聞こえなくなってしまいました。

　12、13歳の時のことですが、放課後にケルという名前の可愛らしい1歳半の赤ちゃんの子守りをしてほしいと頼まれたことがありました。私とその家族は、町の端と端に住んでいました。ケルはいつも乳母車に乗せられ、私を待っていました。私達は町を散歩したり、森のなかに動物を見に行ったりしました。たまには、私の家まで連れてきたこともありました。

　ケルは、寒くて鼻を青くして座っていました。いつも乳母車に乗せられて私を待っているケルがかわいそうになり、子守りを辞めたいと

思いましたが、なかなか言い出せませんでした。

　ある日、はっきり「辞めたい」と話そうと思って自転車でケルの家へと向かいました。庭に入り、自転車を止めると、私を見た近所の子ども達が走ってきて言いました。

「ねえビアギト、ケルと散歩に行けなくなったよ。窓から落ちたんだ。お母さんが急いでケルのブーツをつかんだんだけど、脱げちゃって地面に叩きつけられたんだ。さっき、肉屋さんが来て地面を洗い流していたよ」

　にわかには信じられませんでしたが、たしかに、乳母車にケルの姿はありませんでした。私はケルの家のベルを鳴らしました。ケルの父親が泣きながら出てきて、私を家に入れて言いました。

「ビアギト、もうケルはいないんだよ」

　居間には、ケルの家族、祖父母、そして友人達が集まっていました。ケルの父親がバスタブに入れてあるたくさんの花を見せてくれました。美しい花でした——でも、ケルと引き換えにするにはあまりにも悲しい美しさでした。

　葬儀は私にとって恐ろしい体験で、幼い心に大きな衝撃を受けました。ケルの母親は、棺に覆いかぶさって大声で泣きじゃくっていました。お墓で花を供える時に、私は泣き崩れてしまいました。その後、サマーハウスでコーヒーを囲んでの集まりがありました。ケルの兄である6歳のポウルと私は部屋を飛び出して庭に逃げ込み、2人でただじっと黙って座っていました。

　私は、無意識のうちにケルの死を自分のせいのように感じていました。本当はケルと散歩するのがいやだったのに、それを言い出せなかった自分のせいだと思い込んでいたのです。大人になってから、別の

理由でキネシオロジー⁽¹⁾のセラピストのところに行った時、突然ケルのことを思い出して泣き崩れてしまいました。幸い、夫が私を慰めてくれ、私にはあの不幸な出来事の責任はないんだよと言い聞かせてくれました。

青年期の強烈な体験

　16、17歳の時、再び悲しい経験をしました。私は、知り合いの家に住み込んでお店のお手伝いをするという仕事を始めました。イェンセン夫人は4年前に乳がんの手術をして乳房を切除しており、介助が必要でした。夫人はとても優しくて素敵な人で、いつも「ビアギト、よかったら大きなアイスクリームをつくって食べなさいね」と言ってくれましたし、私が映画に行く時には、「大きな袋にキャンディーをたくさん詰めていきなさい」と言ってくれました。私が躊躇していると、夫人自らが大きな袋に閉じられないくらいのたくさんのキャンディーを詰めてくれました。

　イェンセン夫人は、オーフース（Århus）の病院に搬送される前に光線療法を受けることになりました。私は、夫人が疲れ果てた様子でぐったりしていたあの日を忘れません。夫人にブーツの紐を閉めましょうかと尋ね、慰めようとして言いました。

「光線療法が済んだらきっとよくなりますよ」

---

(1)　「身体運動学」または「運動学」と訳される。筋骨格系解剖学、神経筋生理学、バイオメカニクスの3つの自然科学的観点からの運動研究のことであり、人間の運動・動作を解析するために使用される「準拠の枠組み」となるものである（ドナルド・A・ニューマン著／嶋田智明・平田総一郎監訳『筋骨格系のキネシオロジー』医歯薬出版、2005年）。

すると、夫人が言いました。
「いいえ、ビアギト、私はもう終わりよ。完全に終わりなのよ」

　私はとても悲しくなりました。どうしてこんなに素晴らしい人が死ななければならないのか理解できませんでした。オーフースの病院に搬送される時、夫人は車まで歩いていくことができましたが、病院から家に帰って来た時には担架に乗せられた状態で家に運び込まれました。
　モルヒネで意識がもうろうとした状態が長い間続き、47歳で亡くなりました。葬儀が終わるか終わらないかのうちに、いわゆる家政婦が4歳の息子を連れてやって来ました。私と同年代のイェンセン夫人の息子は家を出て姉のところに行ってしまい、私も住み込みの仕事を辞めました。その後、その家政婦がイェンセン氏と結婚することになり、その時に数日間、私が店の番をしました。
　自分自身では、幼少期、そしてティーンエイジャーの時に体験したこれらの強烈な出来事が私を強くしてくれたと思っています。そして、強くなった私が孤独に打ち負かされることなどはないと思っていました。

成人期

　楽しかった青年期が過ぎて、自分の愛する人と出会って結婚しました。幸せな時間を過ごし、私達は運送業の会社を買い、3人の子どもをもうけました。ところが、末っ子の長女が3歳の時に糖尿病になりました。その後は辛く、ストレスのたまる日々が続きました。という

のも、糖尿病はよくなる病気ではないからです。

　糖尿病についてはあまりよく知りませんでしたが、本を読むと、とてもひどい状態になる可能性があるということが書いてありました。当時は、家族全員が長女の病気に振り回されました。病院は長女のインシュリンをうまく調整する技術をもっていなかったので、私は娘をヴィズオウア病院に移してもらうように頼みました。アメリカとハンガリーで糖尿病治療について勉強をした優秀な医師、リーセ・ムテーウス（Lise Muthæus）がビズオウア病院にいるとある雑誌で読んだからです。そこで、初めてインシュリンの治療が功を奏し始めました。

　2、3回の入院を経て、私達は再びまともな家庭生活を送ることができるようになりました。夫は会社の仕事に奔走する稼ぎ頭で、家のことは私がするという役割分担をしていました。しかし、私は自分1人がいろいろなことを全部しなければならないように感じて、辛くて、1人で隠れて泣いたものでした。

　5年がたち、4人目の子どもが生まれました。末っ子は、私達みんなの小さな宝物で、もちろんみんなからすっかり甘やかされました。長女は、不幸にも大人になってから糖尿病が原因で片目の視力を失いましたが、愚痴をこぼすこともなく、現在は2人の息子にも恵まれて前向きに生きています。

　私達は、1983年1月に運送業の会社をたたみました。経済的な理由ではなくそのほかのたくさんの理由からなのですが、とりわけ腰痛に悩まされたことが大きな原因でした。これで、私達は失業者となりました。当時の西シェラン島の失業率が高かったことを覚えています。

　2、3年がたち、夫は警察署の管理人として正規雇用されて働き始め、私は職業訓練を受けていました。末っ子が高校を卒業し、1992年8月にはオペアとして働くためアメリカに旅立ちました。私達は、娘

154　高齢者の孤独──25人の高齢者が孤独について語る

ペンパルをもつ喜び　155

がオペアをしている家族の南カリフォルニアにある古い米農園に行って、娘と一緒に休暇を過ごしたことがあります。私達は惜しみない歓待を受け、素晴らしい体験をすることができました。フロリダにも1週間滞在し、ディズニーワールドにも行きました。

夫の死

　しかし、私の最愛の人であり、子ども達のよき父親であり、そして私の人生の伴侶でもあった夫が亡くなり、私は奈落の底に突き落とされました。

　アメリカから帰国して10日後に、夫は友人とバドミントンをしていて急に倒れました。意識不明でヴィズオウア病院にかつぎこまれ、人工呼吸器を付けられました。私達は大きなショックを受け、その後何日間かは、すべてが現実でないような奇妙な感覚のなかにいました。夫を失いたくない、という思いでいっぱいでした。

　2日後、それは夫の58歳の誕生日でしたが、夫が自力で呼吸を始め、目を開いたのです。その時の喜びといったら、言葉に言い表しようがありません。夫は集中治療室の個室に入れられ、次の日に私はベッドを入れてもらって病室にずっと付き添い、夫の手を握っていました。しかし、その後11日間の間に2度も脳出血が起こり、とうとう最愛の夫は亡くなってしまいました。私は、あの時の無力感を忘れることができません。どうすることもできませんでした。そして、強い孤独感が私を襲いました。

　すでに分かっていたことですが、夫がどれほどみんなに愛されていたかということが葬儀の時にさらによく分かりました。

私は、夫の墓石を見つけました。それは、海のように見える石で、水平線上に島があり、そこに太陽が沈むように見えました。この墓石の島は私にとって象徴的で、33年間、楽しく一緒に休暇旅行に行ってくれた最愛の夫に対する感謝の気持ちを表していました。自分が感じていたであろう空虚感についてはあまり覚えていません。

　アメリカから呼び戻された末っ子には、私のことを考えなくてよいと告げました。そして、「もし、そうしたいのであれば、アメリカに戻って仕事をすればよい」と言いました。

　こうして末っ子はアメリカに帰り、私は広くて空っぽの家に1人になりました。広い土地、大きなガレージ、庭、そして夫がサプライズとして買ってきてくれた温室、それらのすべてを私が維持管理しなければなりません。もう、私しかいないのです。

　次の年、私の母が亡くなりました。次女は離婚し、悲しみで精神的に危機状況に陥ってセラピーを受けましたが、その結果、「母親などいらない」と言い出し、私との関係を断ってしまいました。末っ子はアメリカで自分の未来を見いだそうとしてオペアをしている家庭に留まり、ニューヨーク郊外のミルブルック（Millbrook）にある大きな家や駐車場の改造を手伝っていました。次の年に娘が帰ってきて、自分の部屋を片付けてすべてを売り払い、アメリカに住むつもりであることを告げました。

　これで、末っ子が近くに帰って来てくれるのではないかという最後の望みは絶たれました。私達の人付き合いの輪は、運送業をやめた時にすでに消えてなくなっていました。しかし、とても親切で私が大好きな知人が近所にいて、私をあらゆる面で支えてくれました。

---

(2) 外国の家庭に滞在し、家事や育児の手伝いをする代わりに部屋と食事を提供してもらう滞在形態。

1996年3月、家を飛び出して、14日間タイのプーケットに行きました。たくさんの人が驚いたように聞きました。
「まったく1人で行ったのですか？」
　私は答えました。
「いいえ。飛行機にはたくさんの人がいましたよ」
　人間は、暑い所にいると社交的になるようです。ホテルにはたくさんのデンマーク人がいて、夫婦で旅行している人も一人旅をしている人も食事に誘ってくれたり一緒に遊びに連れていってくれたりしましたし、見所をたくさん教えてくれました。また私は、ジャングルツアーにも参加し、未開の島に木船で行ったり、パンガー（Phang Nga）からボートで島々に渡ったり、タイ料理を食べたりして楽しみました。
　私は、過渡期給付金(3)を受給することにしました。私の労働力を必要としてくれる職場はないし、受けても就職の役に立たない職業訓練を無理して受けたくないからです。
　私は、家、庭、孫、病気のことで十分に忙しい生活を送っていました。私自身、呼吸がうまくできなくなって救急で病院に運ばれたこともありました。そのうちに、末っ子がたくさんの経験を積んでアメリカから帰ってきて地元の市の実習生となり、その後、資格を取って働き始めました。
　1998年秋、私は家を売却してホルベク（Holbæk）に移りました。子どもはみんなこの町に住んでいるので、誰かの誕生日パーティーがあってもすぐに行けるし、孫の子守りにもすぐに行けます。私は招待しなくてももっと遊びに来てもらえると期待していましたが、そんなことはありませんでした。自分が家族の重荷であるかのように感じ、れっきとした家族の一員で価値のある人間として感じられなくなりました。

孤独から逃げることはできませんでした。私は、子ども達に面倒をかけたくないのです。子ども達には子ども達の生活があり、仕事や子ども、友人のことで忙しいからです。私達は、互いに声がかかると遊びに行きました。自由な時間が以前より少なくなり、しなければならないことが十分すぎるほどありましたが、母を訪ねる時間はなんとしてでもつくりました。もしかしたら、母も私が今抱いているのと同じ気持ちでいたのかもしれません。

　私は様々な団体の活動に参加しようと心がけましたが、他人のタバコの煙で気分が悪くなるので、特に室内にいることが多い冬には参加が制限されてしまいます。それから試したのは、いくつかの新聞に友達を募集する広告を載せ、問い合わせが来たらそれに返事を書くことでした。しかし、期待していたような友人には巡り合うことができませんでした。

　新参者で無職、やや年をとっていてタバコの煙に耐えられない。そんな人は、他人とうまくやっていけません！　そこで私は、環境のよいところに引っ越すことにしました。新築の小さなマンションで、自分が国民年金受給者になっても支払えるくらいの家賃でした。

　たしかに、思っていた通りにはなりませんでした。帰国後に勉強をして資格を取得した末っ子は、恋愛のもつれで精神状態が不安定になり、次女と同じセラピストのところに通いました。

　また、同じことが起こりました。末っ子も私との縁を切ったのです。世の中にはおかしな判断基準をもっているセラピストがいて、自分で招いて解決できなくなった問題を抱えた大人がいると、その責任は幼

---

(3)　(overgangsydelse) 50〜59歳の長期失業者を対象とした給付金。過渡期給付金の受給を選択すれば、就職活動をしなくてもよい。1992年に創設された制度であるが、1996年に廃止が決定された。

少時代にあると主張するようです。家族を崩壊させたほうが本人にとっては楽になると考えているのでしょうか。そのおかげで、私達の家族はバラバラになってしまいました。私は強い憤りと深い悲しみを感じ、私の人生はもうこれまでだと感じました。

ペンパル

　私は、ピンク色の眼鏡をかけて人生を前向きに進もうとしました。人生は面白おかしいことばかりではありませんが、どんなに悲しくても、人には人生を生き抜く義務があるのです。
　私は自分自身に言いました。
「ビアギト、自分と一緒にいればいいでしょう。それに、あなたにだって友達はいるけれど、近くに住んでいないだけのこと。あなたは旅行が好きだし、孤独になってはいけないわ」
　私は、「日曜日（Søndag）」という新聞に個人の広告を載せました。切手代しかかかりませんし、簡単です。私の希望は、外国に住むデンマーク人と文通をすることでした。33歳～87歳の女性から連絡が来ました。途中で連絡が途絶えたのは1人だけで、残りの人とはもう2年間にわたって楽しく文通をしています。それらの文通相手とも直接会ったことがあって、私の家でコーヒーを飲んだりレストランに行ったりして楽しい時間を過ごしました。文通相手が住んでいるのは、スペイン、スウェーデン、シシリア、フロリダです。
　そのような経験から、海外だけでなく、デンマークに住んでいる文通相手がいれば仲良くなって一緒に旅行ができるかもしれないし、楽しいだろうと考えました。同様に、そのような相手を見つけ、デンマ

ーク在住の元気な同年代の一人身の女性4人と1年間ほど文通を続けています。

　そのうちの1人とは、イースターの時期に一緒にフォルケホイスコーレに行きました。そのコースには80人ものシニアが参加していました。とても素晴らしい体験で、あのコースはおすすめです。なかには、80歳代の元気な参加者もいました。

　体のあちこちに問題が出てきていますが、今は孤独がちょっと後ろに追いやられたような気がしています。私は、気晴らしをしたいと思っている人がそこらじゅうにたくさんいることをよく知っています。私達は自分の責任で想像力を働かせて行動し、いつかは直面する孤独に対処しなければなりません。

　もし、目と手に不自由がなければ、文通相手を見つけてみましょう。本当に楽しいです。お互いに与え合う関係を結ぶことができる素晴らしい人々はたくさんいるのです。

真の孤独

モーンス・ムラ（Mogens Møller）
トストロプ（Taastrup）在住、1937年生まれ

　まず、自己紹介から始めたいと思います。私は66歳の男性で、1998年に37年間連れ添った妻をガンで失い、1人になりました。その数年前から、ガンという恐ろしい病の結末が私の余生を変えるだろうと分かっていましたが、実際、妻の死によって私の生活は一転しました。

　私が孤独を感じたのは、妻の死後少したってからでした。亡くなってまもなくは手続きなど実務的なことをたくさん済まさなければならなかったのですが、それが終わるといつもの毎日に戻りました。

　家を売却して、どこか別のところに引っ越そうか？　経済的にやっていけるだろうか？　私は素晴らしい友人や家族に恵まれていることがよく分かったが、友情を大切にするためにはどうすればよいのだろうか？

　これはほんの一部ですが、いろいろな疑問がわいてきました。

　私が最初にしたのは、何が起こったかをすべて文章にすることで、それによって悲しい気持ちを整理しようとしました。それは、前に進むために必要なことでした。素晴らしい家族・友人に恵まれていると私は思っていたのですが、それだけで十分とは言えませんでした。人

は、どんなに頑張っても他人の本当の気持ちを知ることはできません。

　それまで私は、家族や友人に不幸があった時、その人の身になって気持ちを推し量る能力をもっていると思っていましたが、自分がその立場になった時には、実際には人の状況に身を置いて気持ちを知ることなどできないことを悟りました。そんな能力は人間にはありえないのです。

　そんな経験があって、私は大声で助けを求めても何の意味もなく、時間の無駄であること、そして周りの人には鬱陶しく感じられるだけだということが分かりました。また、人が私を気遣ってくれたのは最初だけで、時間がたつにつれ、わざわざ時間やエネルギーを使ってまで励ましてくれないということを悟りました。周囲に気遣いを求めたことはこれまでなかったのですが、実はそれを強く必要としていたのです。

　私は観察力が鋭くなり、以前より傷つきやすく繊細な人間になりました。また、価値規範が変わり、以前は大切だと考えていたものが突然どうでもよくなり、ささいなことだと思っていたことが大きな意味をもつようになりました。

周囲の反応

　孤独感はどのように起こり、どのような形で現れるのでしょうか？答えは複数ありますが、そのいくつかを挙げてみましょう。例えば、長年付き合ってきた親友との関係が絶たれ、友情が過去のものになってしまったらその原因を探る精神的な余裕がなくなるでしょうし、また失敗することを恐れて新しい友人をつくることもできないでしょう。

周知のように、人は即座に敗北を認めようとしないものです。だから、自分の殻のなかに、孤独に閉じこもるほうがましと考えるのでしょう。

私は近所のスーパーマーケットで知り合いを見かけたことがありますが、私の存在に気づくと、彼らは買い物かごを置いて急いで店を出ていきました。道端で知り合いに会った時にも同じようなことが起こりました。彼らは道の反対側に渡り、私が通り過ぎるまで意味もなく通り側の家の窓を眺めるのです。

最初は、死に至る病の保菌者のように自分が扱われているように感じました。そのうち、人々は無力感ゆえにそうした行動に出るのだという結論に至りました。みんな、私にどう対応すればよいのか、そして対面した時に何と言えばよいか分からないのです。そのような人々は問題を回避しようとしているわけですが、苦しんでいる人には何の慰めにもなりません。それどころか、そのようなことが起こると孤独感がさらに強くなり、周囲からますます孤立しているように感じるのです。

映画やコンサート、観劇に1人で行っても以前のようには楽しめません。家に帰って、何を観たのかを話す人がいないからです。誕生日パーティーやそれ以外の集まりも、同じ理由で以前のようには楽しめなくなりました。どんなに素晴らしい趣向が凝らされていても、どんなに食事やワインがおいしくても楽しめないのです。

国内旅行や海外旅行に行っても以前とは違います。一緒に経験をわかちあえる人がいなければ、森を歩いても動物を見ても違った色彩に見えますし、感動の度合いも違います。

愛し合う若い恋人達が夏至祭のたき火を見つめながら愛をささやき合っていても、高齢の夫婦がチボリ公園で日陰のベンチに腰を下ろし、愛し合っていることが傍目から見ても分かるように仲睦まじくしてい

ても、妻との思い出が私のなかにあふれだして孤独感がますます強く感じられるのでした。

　季節の行事も同様に辛く感じられました。クリスマスは人間の心と心が触れ合う行事で、家族でお祝いをするものです。家庭の平穏と寛容が大切にされます。それは、私のような独り者にとっては切り抜けなければならない辛い行事です。去りゆく年に感謝をし、新しい年がすばらしい１年になることを願う大みそかや正月も同じように辛い行事でした。夫婦が抱き合ってキスしているなかで、１人取り残され、自分が人間的に貧しくなってしまったかのように感じました。

　そこで、ここ何年かの間は大みそかを１人で過ごすことにして、１人で１年を振り返り、新しい年の目標を立てるようにしています。

　前年の目標は達成できただろうか？　夢はかなっただろうか？　何に成功し、何に失敗したか？　どうすれば向上できるだろうか？

　それは、自分の人生の帳簿を付けているようなものだと言えるでしょう。

　しかし、最も辛いのは毎日の食事です。食事の時には、信頼できる誰かとその日たいへんだったことを話したり、今後の予定を話し合ったりしたいと心から思います。今は新しい情報を得るために朝刊を読んだりテレビを見たりしていますが、妻と話す時ほどの多方面にわたる情報が入りませんし、細かいニュアンスも知ることができません。

　妻と私は考え方が違ったので、いつも互いに妥協して歩み寄っていましたが、今は何をするにしても自分１人で決定しなければなりません。私に何かを求めたり、期待したりする人がいないからです。

辛い時期

　妻が亡くなってから、さらにショックな出来事が続きました。まず、私の母が重い病気にかかり、王立病院で水腫の緊急手術を受けました。その後、母はディアコニッセ協会の施設に移り、地域のナーシングホームに空き部屋がでるのを待っていました。半年後に空きが出たので、それまで住んでいた年金受給者住宅を引き払ってナーシングホームに入ったのですが、入居後13か月足らずで生涯を閉じました。今度は、自分が家族のなかで最年長であると思うと変な感じがしました。その後、まもなく私の息子もガンと診断され、2回の手術を受けたのちに化学療法を受けるようになりました。

　妻を亡くすのも辛いことですが、子どもを失うかもしれないと恐れながら生活することも辛く衝撃的な体験でした。これらの出来事すべてが私にマイナスに作用し、何かが起こるたびに一つ一つ石が置かれ、孤独の祭壇が積み上がっていくように感じられました。その少し前のことですが、息子の妻が1年の間に2回続けて流産しました。その時に、孤独の礎石がすでに築かれていたのだと思います。この時、息子夫婦にはまだ子どもがいませんでした。

良好なネットワークがあっても孤独

　私の家族や友人との関係について話すと、多くの人はうらやんで「不満などないだろう」と言うでしょう。私も、たしかにそう思います。
　私には、心優しい息子夫婦と可愛い2人の孫、親切で理解のある義

弟、義妹、甥とその妻、そして彼らの2人の子どもがいます。また、親交のある友人はみな25年以上の付き合いがあります。私は会社では中間管理職に就いていたので多くの人々と付き合うことに慣れていましたし、様々な組織で役職に就いていました。また、近所の人もよい人ばかりでした。それに、私はトランプのブリッジが強いので有名で、一緒にしようとよく誘われます。

　手紙やスピーチを書いたり、歌の歌詞をつくったりするのを手伝ってほしいと頼まれることもよくありますし、不動産取引や経済的な問題で人の相談に乗ることもあります。私は、このように様々な場面で活躍しています。しかし、多くのことに携わっていたりたくさんの人とかかわったりしていても孤独感は拭えません。素晴らしい俳優が大役を演じ終わって舞台に立ち尽くしている時の空虚感と似ているかもしれません。脚光が突然消え、魅惑の世界も称賛を受ける日々も終わりを告げ、素晴らしかったという感想を聞けるのをただ待つ。しかし、実際に良い評価を受けられるかどうかは分かりません。

　友人がたくさんいるのにどうしてもっと連絡をとらないのかと不思議に思う人がいるかもしれませんが、これは考え方と道徳観の問題です。連絡しない理由は、まず人は他人、特に子どもに負担をかけてはならないと思うからです。みんな自分の生活があるからです。また、私はプライドが高くて、人に何かを懇願することができないということも理由の一つでしょう。そうするぐらいなら、他人への期待を捨ててあきらめるほうがましです。

　いつも人に尽くすのは私のほうで、その逆ではなかったのですが、自分の生活が変わったことを受け入れられるようになるまでには、それまでの考え方を変えて新しい考え方の基準をもつようにしなければなりません。

168　高齢者の孤独──25人の高齢者が孤独について語る

真の孤独　169

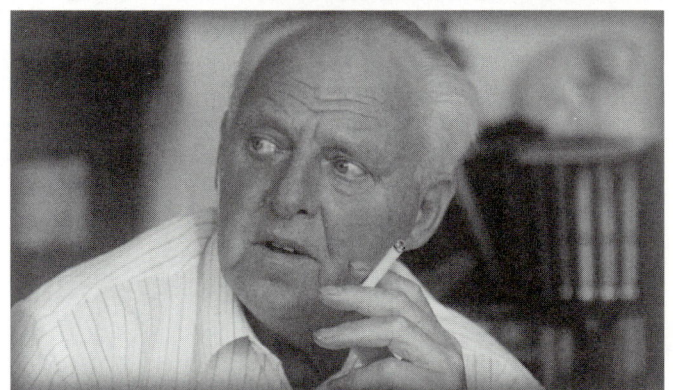

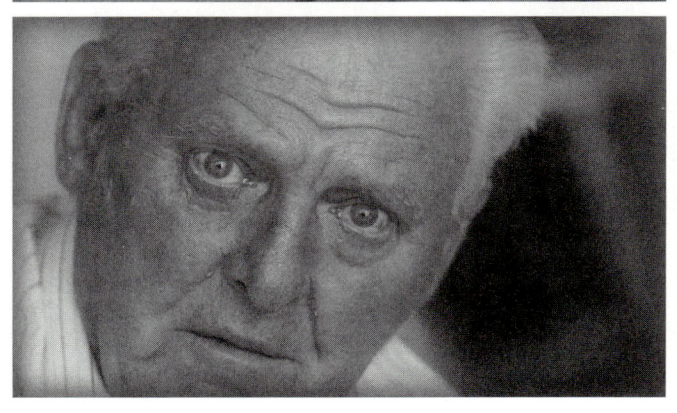

「新しいパートナーを見つければよいのに」と言う人がいるかもしれませんが、言うは易く行うは難しです。パートナーを見つけるためには、まず双方がある基本的な資質を備えていなければなりません。つまり、２人の基本的な相性が合っていることが必要ということです。次に、両方が過去を心のなかにしまい、現在と比較したりしないように心がけなければなりません。さらに、年月を重ねるにつれて身につけてしまった悪い癖や習慣をやめる覚悟を双方がもっていなければなりません。我慢できる限界基準を変えなければならず、それを実行するために不断の努力とエネルギー、そして時間が必要となるのです。

　それを試みた人達をたくさん見てきましたが、うまくいった人とそうでない人がいました。最初から大当たりをしてうまくいった人はごく少数です。パートナーをつくるためには毎回多大なエネルギーを注ぎ込まなければならないので、多くの人が途中であきらめてしまいます。すれ違いばかりの関係をもつぐらいなら１人で生きていくほうがましです。パートナーとの関係というものは、不安定でいつ問題が発生するか分からないのです。

　もう一つ私が感じているのは、パートナーの内面よりも外見を重視する人が非常に多いということで、そういった感覚は私には理解できません。人眼を引く美しい外見が悪いというわけではありませんが、私にとっては、それが重要なポイントにはなりません。それに、ある年齢を超えると、ギリシャ神話に登場する人物のような美しい外見をもつなんてことはほとんど不可能です。そして一方で、内面的な魅力や人間的な資質は年齢によってそう変わるものではないということです。

　私がパートナーに求めるのは、正直であること、着こなしが上手で、美しいマナーと上品な言葉遣いで人前でもそつなくこなすこと、ユー

モアのセンスがあること、どんな分野でも一定の知識があることです。そういった内面を備えている女性のほうが、表面は金色にきらめいているのに裏返すと薄くて安っぽい再生紙であることがばれる名刺のような外面だけの女性よりも素敵だと思います。
　この考え方は、次のデンマークの歌の歌詞と同じです。
「幸せは物でもなく金でもない。幸せは大きさでも栄誉でもない」
　このことを、現代のデンマーク人は忘れがちだと思います。おとぎ話のプリンセスや夢に出てくるプリンスのようなパートナーを連れていることが自分のイメージをよくすると考える傾向がありますが、その人達は、車を買う時に安全性や走行性を考慮せずに色やデザインだけで購入するのでしょうか？
　私の孤独感は、私が慣れ親しんできたものと大きな関連があります。私の理想のレベルと周囲に対する期待も、たぶん私の孤独感に影響を与えているでしょう。
　私の叔母は1961年に夫に先立たれて１人になりましたが、その半年後にこう言いました。
「人は、孤独になって初めて本当の孤独を知る」
　また、叔母が口にしたたくさんの言葉のうち、次の言葉が心に残っています。
「ズボンが擦り切れているからといって悲しむことはない[1]」

　どちらの言葉も印象的で、ここ最近、何度も思い出しています。それは真実で、ほとんどの場合にあてはまる、ある種の共通項ではないかと思っています。

---

(1)　ズボンは「人生」を指していると考えられる。

孤独に立ち向かうための完全な戦法などないと思います。ある人が孤独に打ち勝った方法にしても、別の人には効果がないかもしれません。解決するための方法を見つけるのは自分なのです。しかし、自分を憐れむことは何としても避けたほうがよいです。それは、周囲に不快な印象を与えるからです。

　自分のなかで問題がどんどん積み重なっていってトンネルの先にある光が見えなくなってしまうと、車のエンジンをかけて、25〜30キロ離れたところにある妻の眠るお墓へと向かいます。そこには平穏な空気が流れていて、瞑想をするにはもってこいです。瞑想しているうちに解決策を思いつくことがよくあります。その解決策によって得られる結果を考慮し、別の方法もよく考えます。そして、家に帰るとそれを試してみるのです。

　多くのデンマーク人と同様に私は信心深くありませんが、妻の墓に行った帰りに教会の礼拝に参列することがあります。礼拝に行くなんて、以前は考えたこともありませんでした。

　私は、今、自分自身の人生の方針をもっています。それは、「自分のパートナーや家族、そして友人に、決して報いることができないような大きな要求をしたり期待をかけたりしないこと。そして、自分が楽しむ前に人に与えることを忘れないこと」です。

　それは、人生に対するあきらめだと言われるかもしれませんが、私は考え方の現実的な調整だと考えています。そういった姿勢をもつと、人に対して期待しすぎてがっかりしたりせずにすみますし、逆に嬉しいことがあればサプライズとして喜ぶことができるからです。

絶え間なく続く孤独

マリーア・アミーリア・ガルシア（Maria Amélia Garcia）
ヴァンルーセ（Vanløse）在住、1945年生まれ

　私の母は、19歳の若さで私を身ごもりました。母より10歳年上の父は、先妻に先立たれた5人の子どもの父親でした。私は1945年にポルトガルの小さな町で生まれ、しばらくして別の町に引っ越しをしました。そこで、両親はじゅうたん工場を始めました。

　私はずっと孤独でした。父の家族に歓迎されていないことを感じていたからかもしれません。小さい頃から誰も私と遊んでくれず、それが自分でもなぜだか分かりませんでした。学校では、校庭に立って他の子どもが遊んでいるのをただ眺めていたのを覚えています。というのも、仲間に入れてもらえなかったからです。

　5歳の時、父は工場を造るためにベネズエラに渡りました。母は残り、父の5人の子どもと自分が産んだ3人の子どもの世話をしていました。私は3人のうちの一番上で、妹は私より1年4か月後に生まれ、弟は妹の1年2か月後に生まれました。母は子どもの世話も工場の仕事もしなければならないため、私達の面倒を見るための時間はあまりなく、私達に厳しくあたりました。

　父がベネズエラに渡ってからはポルトガルの事業がうまくいかなく

174　高齢者の孤独──25人の高齢者が孤独について語る

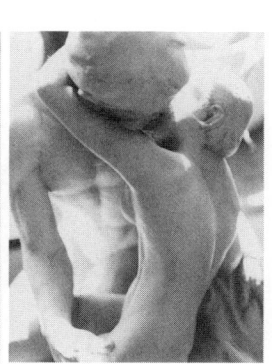

絶え間なく続く孤独　175

なり、工場を売却しなければならなくなりました。私達は、漁村の近くの小さな家に引っ越しました。それが恥ずかしくて、私は屈辱感でいっぱいでした。

　私達の住まいから学校までは距離があったため、私はしょっちゅう遅刻し、そのたびに罰を受けました。教師は厳しくて、罰を与える時には生徒の手を叩いていました。特に、冬にはとても痛い思いをしました。

　私のなかの孤独感はどんどん大きくなっていき、誰も私のことを愛してくれないという思いが消えませんでした。

　8歳の時、母がベネズエラに移りました。母が出発する時、私は泣きじゃくりました。母と父なしでどうやって残りの人生を生きていけばよいのか分からず、絶望的な気持ちになって途方にくれました。

　最初は父の家族のところに住むことになり、その後、叔母のところで世話になりました。誰も、私におやすみのキスをしてくれませんでした。叔母のところに住んでいる時に叔父に性的虐待を受けるようになり、それによって私はますます内にこもるようになりました。それは、私にとって恥辱で、誰にも相談することができないことでした。叔父は、まだ8歳だった私にセックスを強要していたのです。

　そうこうしているうちに両親は離婚し、妹と私は私立の寄宿制の学校に行くことになりました。当時、私はまだ10歳でした。校長先生が私を好きでないことは、明らかに初日から感じとれました。私を見下したような話し方をする校長先生を見て、屈辱感を味わいました。それが理由で、校長先生をとても怖く感じたことを覚えています。

　寄宿制学校は、私にとっては牢獄のようなものでした。出ることも許されなかったし、家族の誰も会いに来てくれず、ここでの日々は悲しくて孤独でした。そして、初めて生理が来た時にパニックになって

不安でいっぱいになったことも忘れられません。

　寄宿制学校でも、私は他人の思いやりを経験したことがありませんでした。ここでも、誰もおやすみのキスをしてくれませんでした。同じ宿舎に10～12人ほどの生徒がいたと思いますが、休暇中も含めてずっと滞在していたのは妹と私だけでした。寄宿制学校でも、私は歓迎されていないということを感じていました。

　18歳で学校を出て、もう1人の叔母のところで住み始めました。それから少したって、私達は父や父の子どもと一緒に住むためにベネズエラに移りましたが、そこでの生活に慣れることができず、3か月後にはポルトガルに帰りました。

　21歳の時にリスボンに移りました。知り合いが誰もいなかった私は、賃貸住宅での独り暮らしを始めました。

　しばらくして、私は前夫に出会いました。私達は1968年12月に結婚し、1969年10月に娘が生まれました。結婚後は義父母の家で一緒に暮らしていましたが、娘が生まれてからは義母との仲がぎくしゃくし始め、引っ越さざるを得なくなりました。結婚生活は順調にいかず、前夫は私を置き去りにして出ていったことが5回もあり、結局離婚しました。

　1973年2月、私達はデンマークに来ました。誰も知らず、何も知らないこの国に来たので最初はうつ状態に陥りましたが、10年かかってようやく回復しました。それでも気分はいつも暗くすぐれず、誰も私を好きになってくれないと考えてしまいます。きっと、私は「十分と感じられない症候群」にかかっているのでしょう。

　うつ病のため、娘をスペインにいる義父母のところに預けることにしました。現在、私は57歳になり、犬と一緒に1人で暮らしています。

2人でいることの孤独

ケイト・リンクヴィスト（Käthe Lindquist）
ユリンゲ（Jyllinge）在住、1931年生まれ

　孤独な人にパートナーがいないとは限りません。結婚生活のなかでも孤独を感じることはあるのです。私は社交的でクリエイティブな性格ですが、逆に夫は家のなかにいるのが好きなタイプです。夫は私が快適に過ごせるように配慮してくれますし、私には何でも話すことができるすばらしい娘と義理の息子もいます。
　でも、娘達には仕事があり、例えば私が火曜日にゆっくり話したいことがあったとしてもすぐに会って話すことはできません。かといって、私が土曜日まで待つこともできません。時間がたつとその時の思いが失われてしまうからです。
　また、もし火曜日に相談したいちょっとした悩み事を抱えていたとしてもすぐに会って相談することができません。これも、土曜日までは待つことができません。それまでに悩み事が大きくなってしまうか、あるいはそれが自然に解決してしまうかのどちらかになります。悩みが自然に解決すればそれに越したことはないのですが、ここで私が言いたいのは、じっくりと話し合いたくてもそれが私にはできないということなのです。

一般的には、これは孤独というほどのものではないでしょう。私が小さいことにとらわれすぎているだけなのでしょう。もっと、社会のよい点に注目して、自分に与えられている可能性を利用すべきでしょう。自分のことばかり考えるのを少しやめて、もっとたいへんな状況にある人のことを考えるべきでしょう。

　私は25年間にわたって雑誌を発行する出版社に勤め、その後、18年間は労働組合でケースワーカーをしていました。いつも多くの人々や仲間に囲まれており、研修や会議などに積極的に参加していました。

　退職後に最も辛かったことと言えば、もはや誰も私を必要としていないという事実を実感したことです。長年にわたって蓄積してきた知識や能力は、もはや何に活用することもできませんでした。電話をかけてきて助言を求める人もいません。職場のみんなに私は忘れられてしまったのです。そこで、私は時間を別のことで埋めることにしましたが、それはこのうえなく難しいことでした。

　仕事上の「友人」はいなくなってしまいましたし、集まりへの招待も来なくなりました。今は、葬儀がある時だけ知らせが来ますが、それは私が必要としているものではありません。私が必要としていたことは、いまだに「あなたが必要です」と誰かに言ってもらうことでした。また、一緒に話ができる人も必要でした。私の想いを深く話すことができる人が必要でした。一緒に楽しみ笑うことができる人、昔の思い出を語り合える人、面白いことも、あまり面白くないことでも何でも……。

　私の属していた年金生活者クラブには仲良しグループがあり、一緒にビールやコーヒーを飲んだりしますが、それ以外には何もしません。それだけで、時間が過ぎてしまうからです。

　退職後、自分の専門分野の仲間とともに年金生活者クラブを立ち上

げるのにかかわりました。そこで、私は長い間会っていなかった昔の仲間に会ってたくさん話もしました。しかし、みんなで集まって2時間ほどの間にビールを3本ぐらい飲むと、みんな家に帰っていきます。家に帰ると夫に何があったかを話すのですが、夫はあまり関心を示しませんでした。

　年金生活者クラブを始めた時、私は会計係になりました。会計係をすると、様々な場所で何が起こっているのかが分かるのでとてもよい経験でした。私は多くの会議にも参加してきました。家に帰った時も、もう孤独を感じることはなくなりました。充実した日々を過ごし、再び他人から必要とされるようになったのです。ところが、いくつかの原因が重なって会計係をやめざるを得なくなりました。能力や関心が私になかったからではなく、クラブ内の意見の不一致のためでした。つまり、仲間から半ば追い出されたわけです。もう、誰からも連絡が来ることはありません。それは、私にとっては乗り越えがたい大きな挫折でした。

息子を亡くす

　不幸なことが起こりました。息子を亡くしたのです。息子と私達は、事情があって最後の2、3年間は電話での連絡しかしていませんでした。そんな時に息子を亡くして、私はとても強く孤独を感じました。私の夫は感情を表すのが苦手で、一緒に心の内を話し合えなかったからです。長年を通じて、私達家族をよく知っている誰かにこの悲しみを理解してほしいと感じていました。夜中の2時に電話ができる誰かを求めていたのです。そう、一緒に泣いてくれる誰かを。

息子が亡くなる前、いつか私達は家族の仲を修復して息子ととも一緒に過ごすことができるのではないかと考えていましたが、突然、その望みを断たれてしまいました。私は、行き場のない鬱積した感情とともに取り残されたのです。息子の死は衝撃的な出来事でした。幸い、近くに娘が住んでいますが、彼女も私と同じくらい悲しんでいたので私には頼る人がいなくて孤独でした。

　他人の悲しく惨めな話など、誰も聞きたくないということを身をもって知りました。私はトンネルのなかから光を見つけようとして、赤十字リサイクルにボランティアをしたいと申し出ました。私が光を初めて見いだしたのは、今親しくしている仲間に出会った時です。彼女と私は異なった環境で生きてきました。私は、彼女に多くのことを与えることができます。彼女がそれまで聞いたことのないような言葉をかけてあげることができるのです。その代わり、彼女も私に多くのことを与えてくれます。

　彼女は、私が言う不平や泣き言に耳をじっと傾けてくれます。彼女と会ってから家に帰ると、何かをやり遂げたという気持ちと、別の人の役に立ったという達成感を感じました。彼女は私を必要としていましたし、私も彼女を必要としていたのです。

　私達はもう1人の友人と週に1回会い、コンピュータに関する知識や情報を交換し合っています。私達はそれぞれ1人では何もできないのですが、力を合わせると、互いに助け合ったり、ほかの人にコンピュータを教えたりすることができます。おかげで、仕事でコンピュータを20年間も使っている私の娘でもアドバイスを私に求めるほどになりました。

　このようにして、私は孤独から抜け出すことに成功したのです。誰

182　高齢者の孤独——25人の高齢者が孤独について語る

2人でいることの孤独　183

もが私と同じようにうまくいくわけではないと思いますが、それでも試してみてください。いつか、相性の合う人達が見つかるかもしれません。そうすれば、孤独から抜け出す道が見えるのです。私は前を向き、ポジティブな姿勢をもち、次のように考えようと心がけました。「前に進んでいかなければならない——鳥は歌い、春はすぐそこまで来ている」と。

　私達は、まさにその瞬間を、手の届くうちにつかみとって大切にしなければなりません。お金のかからない喜びはたくさんあるのです。それを見つけるためには、しっかりと目を見開いてそちらを向く必要があります。私達の人生は１回しかありません。一度きりの人生を大切に生きましょう。

この世に
送り出された人間

ユデ・タルブロー・イェンスン（Jytte Talbro Jensen）
オーゼンセ（Odense）在住、1934年生まれ

　年をとると生活の範囲が狭まり、人とのかかわりが少なくなってしまうものです。それが、孤独感をより大きくするのかもしれません。私は、いつも孤独でした。孤独と退屈さを混同してはなりません。私は、退屈したことなどはありません。私は、自分の経験から、実存的孤独と社会的孤独とを区別しています。
　1人になることは、誰にも認められた基本的な権利です。個として生きることは他人の干渉から自由であることですが、それは試練でもあります。なぜなら、誰も他人の内面の喜び、悲しみ、痛みなどに踏み込むことができないからです。私達人間は、1人でこの世に送り出され、人生を生きる義務があります。人生は遺伝や環境によって形成されていますが、私達には自分で選択をして人生を生きていくこともできるわけですから、自らの人生に責任をもたなければなりません。ただ、生きていくうちに、かなり狭い枠のなかでしかそれが選択できないことが明らかになってくるのです。
　記憶している限り、自分が一個人であり、自分しかいないということを私は強く感じてきました。その感情は私を強くしてくれましたし、

勇気や精神力を与えてくれました。社会的孤独感が実存的孤独感と一緒になって、自分が1人であることが絶対的だと思える時期があったのですが、特にそういう時には自分が強くなったと思います。

　私はオープンな人間で、様々な場面で評価され、人に認められる存在だと思っていますが、自分を評価してもらえない世界で過ごさなければならないこともあります。そんな時には、不安感や孤立感を感じます。そして、そのような孤立感は年齢とともに大きくなっています。

　私の孤独な心のすきまは、円熟、成長、見識の広がりへとつながりました。内面的にも外面的にも自分が1人であるという気持ちが強くなる時には、次のような詩を詠んで心の平静を保とうとしました。

　　　今日、私は闇のほら穴に閉じこもっている
　　　一人で
　　　落ち込んで
　　　身動きもとれず
　　　かたくなに
　　　疲弊して
　　　友もなく、人から不信の目で見られ
　　　人生の終わり
　　　誰もいない
　　　世界一孤独な人間！
　　　突然やって来た
　　　はるか遠くから
　　　年月が連れてきたみんな
　　　バラバラの人影
　　　ぼんやりと……

この世に送り出された人間

私は淡々と名前を書く
次々に
顔が明確になる、輪郭が見えてくる
性格
アイデンティティ
特徴
存在が形をなす
私の存在のなかに入ってくる
ああ！　なんとたくさんの人が
私の人生に安心感を与え
ほかならぬ私の人生を和ませるために
私の視野を広げるために
あらゆることをしてくれたことか
昨日、私はそのうちの一人と過ごした
一昨日は、別の一人から手紙が来た
明日はカレンダーに予定がある
今日は……
今日は電話をとらなかった
自分から電話もしなかった……
数時間の憂鬱がすべてを消し去る
名前、顔、抱擁、愛情
無の痛みが闇の言葉を語る
そして、闇が人間の周りを取り囲む
残るのは自我のみ
一人で
裸で

力なく

　私の人生は、明るく晴れやかなものではありませんでした。

　14歳の時に、母が35歳の若さで5人の子どもを残して急死しました。父は次の年に再婚をしましたが、相手は完全主義者のような女性で努力家でした。控え目で内気で個人的なことは決して口にせず、他人の感情を理解しようとしませんでしたし、人と触れ合いたいという人間の欲求も理解できないようでした。それ以外のことは問題なかったのですが……。

　当時、人々は思春期については多くを知らず、思春期の子どもは、悪い子でわがままと見なされていました。それは辛い時期でした……孤独、孤独、ひたすら孤独でした。

　私は、自分の家を失ってしまったかのように感じていました。父も2人の姉も内気な性格で、なぜだか私の周りにいる人はこのようなタイプの人ばかりでした。

　選択の「自由」によって何が得られるのか、あるいはそれが何を「与えて」くれるのかは難しい問題です。私は人生のなかで何度も、開かないドアの前で立ち尽くすという経験をしました。若い頃は自然と友達になった人と仲良くしていましたが、大人になってからは自分で意識的に友達を選ぶようになりました。

～ 閉じられた空間 ～

　働いていた職場で、私は将来夫となる男性と出会いました。ヴェンスュセル（Vendsyssel）地方出身で、控え目でとても閉鎖的な人でし

た。私はフュン島出身で、たとえ内面に孤独を抱えていても陽気で明るい性格なのですが、彼との出会いによって新たに閉じられた空間に入り込むことになりました。

　その後、生涯を通じて私は人々や社会に対してじっくりと考えるようになりましたし、開放感を求めるようになりました。一方夫は、長年の間世捨て人のように自分の殻に閉じこもっていました。夫は、他人について何かを考える時、人に話すことなく心のなかだけで思いを巡らすことができるのです。

　長い結婚生活のなかで楽しいこともありましたが、2人の間にある空虚感がそれを暗く覆い尽くしていました。私には、「その壁を崩す」ことができませんでした。分離した関係にあると、人間は身をもって絶対的な孤独感を感じるものです。

　そんなことを感じているうちに、親戚のアルコール問題が発覚しました。働き者で優秀で、厳しい気候にも何にも負けない持久力をもっていた人だったのですが、実際にはそんな問題を抱えていたのです。

　当時、夫は家族経営の会社を経営する3代目でした。義父は肝硬変を患い、56歳の時に妻と2人の息子を残して亡くなりました。長男は次男である夫より5歳年上で、会社を継ぐことになっていたのですが、すでにアルコール依存症で働くことができませんでした。そこで夫が会社を継ぐことになったわけですが、夫はよく働き、経験豊富で誠実に仕事をしました。しかし、親族との人間関係が複雑で、そのせいもあってか義兄のアルコール依存症は悪化の一途を辿りました。

　いつも私は、「救助者」と「敵」という二つの役割を担わなければなりませんでした。それによって、私は取り残されたという感情と孤独感を強く感じるようになりました。夫との会話が成立しなかったので、問題を解決することもできませんでした。

190　高齢者の孤独──25人の高齢者が孤独について語る

この世に送り出された人間　191

私は制酸剤（胃薬）を服用していた頃、比較的平和で穏やかに日々を過ごしており、3人の子どもを出産したのですが3人とも亡くなってしまいました。その後は辛く孤独な時期でした。2人とも悲しみに沈んでいたのですが、その気持ちを互いに話すこともできませんでした。夫も私と同じくらい辛かったと思いますが、互いの心に手を差し伸べることができませんでした。

　しばらくしてまた子どもに恵まれ、2人の娘を産みました。2人とも勉強を熱心にして高い学歴をつけました。どちらも義兄の問題があってかアルコールをまったく飲まず、特に1人の娘はその姿勢を貫きました。もう1人の娘は18歳までまったく飲まず、落ち着いていて勤勉かつきちんとした生活態度を通していましたが、20歳の時に突然、悲劇のレールの上を走り出しました。アルコールという悪魔が娘を襲ったのです。こんな悲しみと痛みのなかでも夫と私は交わろうとせず、それぞれが自分のなかに閉じこもりました。どちらも、1人で孤独に耐えようとしたのです。

　そのうち、私は無力感と孤独感に耐えきれなくなり、30年間同じ屋根の下で暮らした夫から離れて、生まれ故郷の遠い村に引っ越すことにしました。しかし、故郷も空っぽでした。親戚はほとんどいなくなっていましたし、3人の兄弟もそれぞれ24歳、28歳、39歳という若さで亡くなっていました。それぞれ、ガン、心臓病、精神分裂病による死亡でした。2歳年上の姉は私をずっと支えてくれていたのですが、最後にはガンで亡くなってしまいました。

　人生の試練によって私は成長しましたし、自分が強くなれたことはよかったと思っています。人間の人生というものは、自分のことは自分で責任をもつように追いつめられるかどうかによって変わるのだと確信するようになりました。

２人で一緒にいることや、２人の喜びと悲しみ、さらに２人の無力感と怒りのなかから、孤独であることの自由や展望、そして可能性が見えてきます。さらに、取り残されたという気持ちと自分ができなかったことに対する辛い気持ちも芽生えてきます。
　もし、これをしていたら家族が崩壊せずに一致団結できたのではないかとあれこれ考えてしまいますが、次第に「私はできる限りのことをしたのだ」と大きな声で言えるようになりました。家族の誰もが、それぞれ自分自身と自分の人生に責任を負っているのです。

痛ましい運命

　長女の運命は、年々、痛ましい様相を帯びてきました。それまで私達は、一度も福祉制度に頼ったことはありませんでした。しかし、自分達でできる限りの手は尽くしたので、運命だと思って重い腰を上げて連絡を入れました。結局、私の運命は絶対的で閉鎖的な空間に入りこむことになってしまいました。つまり、福祉社会の福祉制度という空間のなかに迷い込んでしまったのです。
　ここでもまた、自分が「救済者」と「敵」という二つの役割を負わされていることを感じました。それは言葉で言い尽くせないほど大儀な任務であり、孤立して苦しみました。社会制度の多くはアクセスしにくく観念的で、助けを必要としている人間にとっては空虚なものでした。援助が必要な時には人々の連帯を基盤としている社会制度が何とかしてくれると考えるのは幻想で、個人が助けを得る余地などないように思われます。官僚的かつ原理主義的なシステムのなかに人道主義の入り込む余地などありません。対処しなければならない生きた人

間として扱ってもらえず、硬直化した制度に沿ってしか対応してもらえないのです。

　例えば、アルコール依存者が話したことを基にしてどのようなサービスを提供するか、また「ケース」にどのように対応するかが判断されるのですが、それは法律あるいはいわゆる「判定」によって個人の自由が保護されなければならないからです。しかし、年老いたアルコール依存症の判断力は低下しており、保護されるべき個人の自由はアルコール依存者の酩酊状態のなかに消えてしまっているのが現実です。そこで家族は、自分が愛する人に対して行政が好き勝手な対応をしないと100％確信をもてるようにしなければなりません。つまり、私達の子どもや孫が、意味のないどこか適当なところに放置されてしまわないように気をつけなければならないのです。

　社会制度が個人のネットワークとの間に橋をかけ、きちんとした解決策を探れるようにするべきですし、そのためには社会制度を開かれたものにするべきですが、あいにくと行政はそれをしようとはしません。その一例がアルコール依存症対策で、アルコールをやめられない人については、行政が守秘義務を盾にネットワークとの協力を阻もうとするのです。

　私は娘の母親であり、孫の祖母であるのに、何もできずに冷たい空間に佇んでいるようです。以前、孫をとても可愛がっていた頃のことを思い出してせつなくなります。この先、何が起こるか不安に思っています。

　いつか、娘を家に帰すことができるのだろうか？

　アルコールの悪魔にとりつかれる前の、優秀でまじめな娘に戻ってくれるのだろうか？

　心のなかで問い続けています。自分がしたことは正しかったのか？

社会システムは顔のない生き物のようなもので、必要な援助を提供することができない無能なものであることにもっと早く気がつかなかった自分が愚かだったのか？
　と、1人で考えあぐねています。

　人間の人生は、家族のなかで形成されて生かされていくのです。なのに、自分は無力ゆえに最も近い存在である娘を、個人が社会のプロジェクトにされてしまう未知の世界で根拠なく決定されるところに委ねてしまっているのです。
　この官僚的なシステムで人間はモノとして扱われ、固定的な規則に基づいて決定が下されます。そして、家族は無能とされてしまうのですが、実際は人的ネットワークが成人のプライベートな生活において最も価値ある重要なものなのです。私は、何度も自問し続けます。
「私は正しいことをしたのだろうか？　私は責任放棄したのだろうか？」
　私は小・中学校の教師で、ボランティア活動もたくさんしてきました。そのなかで、いくつかの場面で社会制度が役に立たないことを目にしてきました。失業者のための学校の教師として、あるいはサンクト・ニコライ相談サービス(1)や女性のための危機センター(2)、支援組織のボランティア活動でたくさんの人々の話を聞いてきました。
　自分自身が当事者になって、初めて社会システムの原則がはっきりと分かりました。それを私は、「守秘義務を制度の付属品として使う、顔のない生物」と呼んでいます。年を経るに従って孤独感は私の心の

---

(1) (Sct. Nicolaj tjenesten) 主に、教会が運営するボランティア組織「Kirkens Korshær」によって運営されている電話相談サービス。自殺を考えている人が匿名で相談できる場をつくるために1957年から開始された。
(2) 配偶者による暴力に苦しむ女性を支援する施設で、デンマーク各地にある。

大きな部分を占めるようになり、無力感が大きくなっていきました。

自由と拘束

　社会に対する私の見方はますます批判的になってきました。いわゆる福祉社会において、現実的なヒューマニズムは重要視されていません。これは、経済的援助について言っているのではありません。

　自由は不可思議なものです。その対極にある拘束、つまり自由でないことと表裏一体だからです。個人の隣人愛が自分の領域から遠くまで及ぶことがないために社会システムは人を助けることができませんし、それによっていっそう駄目にされてしまった人がたくさんいます。親族や友人から離れれば離れるほど、他人に共感したり配慮したりする人間の力が弱まってしまいます。このような能力は、ソーシャルワークにおける重要な要素であるにもかかわらずです。

　制度に縛られた社会が発展するのに伴い、人々の生きたネットワークが機能しなくなってきました。私達が自由だと思っていることは、実際には、目標に到達することができない観念的な社会システムのなかでは拘束なのです。

　私にとって、人生は「なるようになった」と思っています。孤独を抜け出すと新しい考え方や感情が生まれます。そのような考え方や感情は私の救済になっただけでなく、自分が発達するための可能性につながったと思っています。朝がこれからもずっとやって来ることを私は知っています。光も差し込んできます。現実として、そして希望として。

　毎朝、私は眼をぎゅっと閉じて考えます。起きようか、起きないで

おこうか。毎朝もう一度目を開けて、自分を見つめ、そして外の世界を眺めます。

　これまでに私は、国内外でたくさんの悲しい出来事や孤独を目にしてきました。そして、自分や他人についてじっくり考えることもできない子ども達と触れ合ってきました。いわゆる幸せな人生を送ってきたわけではありませんが、私は幸せな人間です。

　私は、人生の痛みや孤独感を癒すよい場所を見つけました。深く考えれば、他人や社会に自分の生存の責任を押し付けるのは責任放棄と言えるでしょう。それでも……持続的な民主主義を保とうとするのであれば、社会に対する前向きな批判をやめてはいけません。

　私の人生の痛みは、静かな内面の悲しみに変化しました。喜びや趣味、笑いなどによって小さくなることもあります。

　辛い時、そして人生の痛みや孤独感を癒す場所が雨漏りする時には、自分自身より偉大なるものに呼びかける祈りを唱えました。

　　　神よ！　私を抱きしめてください。
　　　私が一人でいるこの場所で。
　　　誰も手を差し伸べられないこの場所で
　　　存在の内面的核。
　　　互いに腕で抱きしめることができないこの場所で
　　　言葉が無になるこの場所で。
　　　私自身だけが動くことができるこの場所で
　　　──世界とあなたの境界線で……

新しい深淵

ケル・エアステズ・サアアンスン（Kjeld Ersted Sørensen）
アレレズ（Allerød）在住、1938年生まれ

　悲しみ、孤独、恋慕、喪失、これらを明確に区別して定義するのは困難です。すべてが関連しているからです。少なくとも、これからお話しする私の体験のなかで、これらはすべて一連のつながりをもった感情でした。

　1971年、私は素敵な女性と結婚しました。美しく聡明で、魅力的な女性でした。結婚生活は23年間続きましたが、そのうち17～18年間は幸せな毎日でした。娘が生まれ、その５年後に息子が生まれました。古い家に住んでいたのですが、２年間かけて自分で増築し、広くてとても快適で明るい家になりました。

　小・中学校の教師という恵まれた仕事をしていましたが、それ以外にも、青少年学校(1)や夜間学校(2)で時々教えていました。その収入のおかげで、家族で毎年海外旅行に出かけていました。キャンプ旅行をすることもありましたし、結婚生活の最後の７～８年間には何度もチャーター旅行でギリシャに、とりわけサモス島に行きました。

　1993年の夏が、サモス島に行った最後の年でした。そう、妻と一緒に行ったのですが、当時の私は、もちろんあの忌まわしい事実に気づ

いていませんでした。旅行先では、妻の気分の浮き沈みが激しく、私達はそれまでほど楽しい気分になれませんでした。出発する前も妻はそんな状態だったのですが、妻の母が若い頃からひどい更年期障害の症状に苦しめられていたのを見てきたので、てっきり妻も更年期障害かホルモンのバランスの崩れで調子が悪いのだと思っていました。そして、休暇の途中に突然、義弟から電話がかかってきました。彼らの両親が49年半の結婚生活にピリオドをうって別居したことにショックを受けて電話をかけてきたのです。

その時の、妻の反応を私ははっきりと覚えています。苛立った様子でした。一番驚いたのは、「義母に電話をしてみれば」と言っても妻はまったく耳を傾けず、電話をしようとしなかったことです。義父母とはとても親しくしていたので、不思議に思いました。

休暇後、私達の関係はさらにおかしくなりました。妻は私と寝室を別にしたいと言い出し、気分の浮き沈みがますます激しくなり、子どものことなどで口喧嘩をすることも増えました。つまり、妻には近寄れない雰囲気になったのです。

1994年3月1日のことは、決して忘れることはないでしょう。子ども達が電話をかけてきて、妻が北ユトランド半島の友人の家に行っていると言うのです。子ども達は、私がそのことを知っていると思って電話をしてきたのですが、私は何も知らず、ただ驚きました。というのも、数日後に妻の誕生日を控えていて、私達はいつも家族の誕生日にはみんなが集まってお祝いをすることにしていたので、妻がそんな

---

(1) (ungdomsskole) 各市に法律で設置が定められている学校で、14〜18歳の青少年のために様々な内容のコースを提供するもの。
(2) 市民を対象とした多様なコースを提供する生涯学習施設。

遠くに行っているとは思わなかったからです。

　数日後、妻が行っていたのは友達のところではなかったことに気づきました。家族や友人に電話をして、妻が愛人のところに行っていることや、その関係がすでに数年間にもわたって続いていることを知りました。電話で話したある知人は、そのような密会がここ数年のうちに何度もあったことを教えてくれました。私に伝えなければならない時期が来たと言うわけです。明らかに計画的でした。

　妻は、誕生日の昼頃に帰宅しました。私達は、子どもと妻の弟と両親だけを招待していました。それは、今までで一番奇妙で落ち着かないおかしな一日でした。みんな、何かを知っているようでした。それが同じことかどうかは分かりませんが、とにかくみんな努めてくつろいでいるように振る舞おうとしているのが分かりました。私の悪夢が始ったのです。

　客が帰り、子ども達も1人2人と「消えて」いきました。みんなが帰ってしまうと、私は、「なぜ話してくれなかったのか」と妻に尋ねました。妻は言い訳を次々と並べましたが、矛盾点もありました。結局、納得のいく説明は得られませんでした。

　私は大きなショックを受け、その後しばらくは高熱にうなされているような気分になり、すべてが悪い夢のように感じられました。妻はまったく動揺した様子を見せず、後悔の念も感じられませんでした。私が動揺してすっかり落胆している様子に気づいた妻は、いろいろな形で苛立ちをあらわにしました。

　離婚か別居、どちらかが避けられない状況になりましたが、離婚を望む妻と違って私は別居を望みました。もしかしたら、まだやり直す可能性があるかもしれないと考えたからです。この頃、私は憔悴しきって倒れる寸前でした。完全に倒れなかったのにはいくつかの要因が

あると思います。子ども達や私の兄、親友、同僚の存在、そして私に尋ねるよりも早くに精神科医に予約を入れてくれた学校の保健師のおかげでした。

　この時のことはあまり思い出せませんが、妻が家を出ることは明らかに綿密に計画されたものでした。妻は、何を持っていくかをすべて決めていました。残りの物は、当然、家に残されました。

　子ども達はすでに自立して家を出ていましたが、時々遊びに来ていました。たくさんの友人が家の整理を手伝ってくれましたが、私にとっては家を売却することは恐怖でした。結婚する前に購入した家、2人の子どもが育った家、楽しい思い出がたくさんつまった家、子どもの洗礼式、堅信礼の思い出、改築……そして私達の生活の場であり海外旅行が終わると帰ってきた巣。

　精神的に辛い時期を越えてやっとの思いで家を売却し、そのお金を妻と分割して私は小さな家を買いました。ブランスホイ（Brønshøj）に残ることにしましたが、市内にあるウダスリウ沼（Utterslev Mose）の近くに移りました。常に何かをしているように心がけ、孤独感や喪失感、家族関係が壊れたことに対する悲しみを忘れようとしましたが、なかなかうまくいきませんでした。

孤立と落ち込み

　私は、周囲から孤立してしまったかのように感じました。沼の周りを散歩していると、すれ違う人がみんな私の不幸な様子に気づいているような気がしました。テーブルを囲む仲の良さそうな人々の様子が家の窓から見えると、心が引き裂かれるようでした。どうして、私は

202　高齢者の孤独——25人の高齢者が孤独について語る

新しい深淵　203

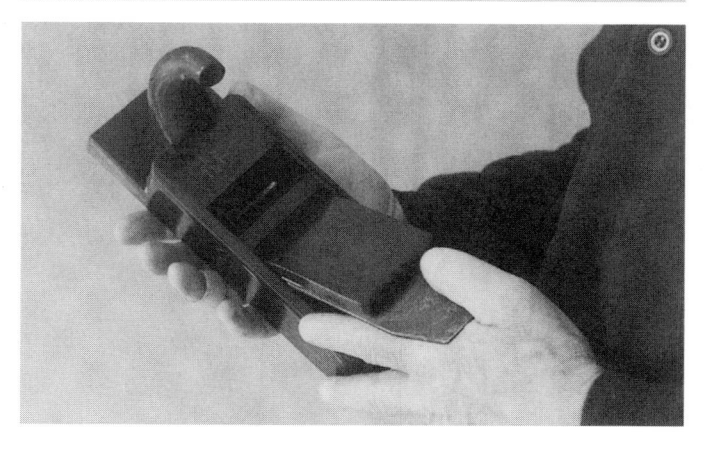

こんなところを１人で歩いているのだろう？　テーブルの上にゆらめくキャンドルがあれば、その辛さは一層増しました。今後、愛する人と楽しくキャンドルを灯したテーブルを囲んで温かいひと時を過ごすことなどがあるのだろうか？

　もちろん、遊びに来てくれる友達はたくさんいるのですが、当然、みんな家族のいる家に帰っていきます。家？　そう、ここだって自分の家のはずなのに！

　ぽっかりと空いた穴を埋めるのはそう簡単なことではありません。物理的な穴ではなく、情緒的な空虚感を埋めるという意味です。夜には静寂が私を襲い、心から家族が恋しくなります。しかし、妻を恋しく思うことはありませんでした。妻のしたことは人の道から外れたことで、一種の憎悪感すら感じました。家族という、人が結びついた単位に自分が属していないことを悲しく思いました。つまり、家庭的な結びつきがなくなったことが悲しかったのです。

　妻が別の男性を見つけたということは、それほどの問題ではありませんでした。もちろん、それも辛いことですが、問題はそのやり方や過程です。ここ３〜４年間、夫婦として連れ添っていながら、妻は自分の身体を売るような行為をしたわけです。浮気をしながら、家では私と一緒のベッドで夫婦生活を営んでいたのです。妻は、自分の父親と共謀してこのような計画を実行しました。妻の父は社会的地位が高いために外面的には素晴らしい人だと思われていますが、仮面をはがせば、自分が見下している人々よりいっそう卑しいことをしていると思います。

　私は、ベッドに入るたびに毎晩涙を流しました。信頼している医者は睡眠薬を処方してくれました。医者も私を信頼し、「１回１錠のみ、どうしても眠れない時だけ服用するように」と言いました。ある夜、

睡眠薬を手にして、こう思ったことをはっきりと覚えています。

　もし、残りの薬を全部一度に飲んだらすべてが終わるのだ、と。

　ふと、自分の考えが怖くなりました。そんなことを考えなくなるまでには数週間を必要としました。

　時間がたつにつれて少しずつ心の闇が晴れてきましたが、特に夜に憂鬱な気持ちが忍び寄ってくると、つい涙を流してしまいました。私はもともとやせていたのですが、この時期にさらに14キロ以上体重が落ちました。

　また、人の集まりに招かれた時には特に孤独を感じました。家族がいないのは自分だけのように感じていましたし、結婚して妻のいる男性すべてが私を警戒しているかのようにも感じました。

　同じ時期に私の母の認知症が次第に進行し、とうとうナーシングホームに入居することになりました。母は長い間病気がちだったので、母には私のことを何も言わないようにしました。仮に言ったとしても、母は理解できなかっただろうと思います。母が54年間にわたって住んでいた家は、私が子ども時代を過ごした家でもあったので、家具や家財を全部家から出さなければならない時には心が痛みました。母がナーシングホームに入って必要な家具などを部屋に入れたら、私達相続者が家財を分け、残りは残念ながら処分をしなければなりませんでした。こうして、私の人生の数章は終わりました。この時期のことを振り返ってみると、私の心はボロボロにすり切れていたように思います。

　しばしばかかっていた精神科医は……私に何をしてくれただろうか？　先生は私の話に耳を傾けてくれましたが、私の話にコメントをしてくれたかどうかは覚えていません。ただ、人生を歩み続けていくうえで精神科医が大きな支えになったことは確かです。

　先生が言われたことを二つだけ覚えています。一つは、「友達を精

神的な爪やすりとして使いなさい」というアドバイスです。私の感じている気持ちや自分が何をしたいのかを話し、友達に聞いてもらうのです。もう一つは、疑問文で言われたことです。
「あなたの奥さんがあなたに何をしたかはよく分かりました。そんな酷いことをした人間にどうしたいと思っているのですか？　あなたには、もっと素晴らしい人生を歩む権利があります。それに向かって進んでいきましょう」

　私はできる限りのことをしたので、大きな成果を得ました。その後、素敵な女性と出会って結婚し、もう３年目になります。彼女も辛い体験をしてきた人ですが、今、私達は結ばれて幸せに暮らしています。不幸な体験のトラウマによって受けた傷はすでに癒えていますが、傷痕は決して消えることはありません。それは良いことなのでしょうか。どんなことにも良い面はあるものですし、絶対的に悪いことなどありません。
　私は、今、過去の過程を振り返って素晴らしい体験だったと思えるようになりました。辛く強烈な感情を体験し、それを乗り越えることで人は多くのことを得るものです。誰が真の友人なのかを悟ること、自分自身をよく知ること、孤独を乗り越えること、これらはすべて人生の糧になるのです。

周囲に見捨てられて

リスベト・ノアダム（Lisbeth Nordam）
フレズレクスベア（Frederiksberg）在住、1947年生まれ

　私の夫は、1996年に職場の大きな事故に巻き込まれて脳を完全に損傷してしまいました。意識不明で王立病院に運び込まれ、14日後に意識が戻った時には、話すこともできない小さな赤ちゃんのようになっていました。この時から、私の孤独な人生が始まったと言えます。

　退院後、夫を家で介護しましたが、2年足らずでギブアップしました。どうしようもないほど要介護度が高くなってしまったためです。人は、家族が大事故にあったり亡くなったりした時に孤独になると何かで読んだことがありましたが、それを読んだ当時は、それは本人次第だと思っていました。しかし、今、自分がその立場になって、本人次第で何とかなるということではないことがよく分かりました。

　最初は、誰もが心配して電話をかけてきて、夫の具合はどうかと尋ねてくれました。しかし、誰も私のことを尋ねてはくれませんでした。そこで私は、留守番電話機に夫の様子を説明したメッセージを録音し、最後に「でも、私もここに生きているんです」と締めくくりました。夫の具合を説明するのに飽き飽きしてしまったので、留守番電話で対応しようと思ったのです。私も辛い思いをしていたのに、誰もそれに

気づいてくれませんでした。

　世界中に誰も頼れる人がおらず、独りぼっちになってしまったかのようでした。耐えきれずに大声を出したり、泣き叫んだり、枕を投げつけたりすることもよくありました。アルコールで気をまぎらわそうとしたこともありましたが、そんなことしても何もならないことをすぐに悟りました。

　誰も、私のSOSに気づいてくれませんでした。信頼できるのは飼っていた猫だけで、猫は私の話をよく聞いてくれました。これまで社交的な性格だった私ですが、徐々に引きこもるようになっていきました。

　王立病院は、私に精神科医を紹介してくれました。診察は1回50分ですが、最初の5分と最後の5分はあいさつするだけなので実質的には40分間です。精神科医も、ほかの人達と同様に夫の様子ばかりを聞いてきました。私は単なる一つのケースとして扱われ、診察を受けた後は孤独感をより強く感じるようになり、4回の診察を受けた後にやめてしまいました。

　私は、自分が空想上の敵と戦っているかのように感じました。何をしてもむなしい努力で、そう、いつだったか夫と2人で心中しようかと思った時期もありました。そうすれば一人きりではなくなると思ったからですが、実際にはそんな勇気もなく、子どものことを考えると心中には踏み切れませんでした。

　王立病院でも、のちに入ったディアコニッセ協会の施設でも、私は嫌われていたと思います。夫は施設の一つの番号にすぎず、50歳を過ぎているから、あんな状態でも「仕方ない」と思われていたようです。

　夫にリハビリを受けさせようと走り回った私は孤独でした。最後には、夫を家に連れて帰ることを選んだのですが、自宅でもリハビリを

受けさせるためにリハビリ施設を探し回らなければなりませんでした。脳損傷患者協会に問い合わせて、ヴァルビュー（Valby）のリハビリ施設を見つけました。しかし、喜んだのもつかの間で、そこはここから自力で通わなければならない施設でした。また、振り出しに戻りました。しかし、なんとか苦労の末に送迎の手段を確保しました。

　そのリハビリコースが終わった後、また粘り強く孤独に探し回り、フレズレクスベア（Frederiksberg）に絵の教室を見つけましたが、そこも私が送迎をしなければならない施設でした。そして、訪ねていっても、夫ほど重度の障害をもつ人は受け入れられないと先生に言われ、断られました。

　サンクト・ハンス（Sankt Hans）病院に1か所、それからアマー（Amager）に1か所、トレーニング施設を見つけました。しかし、アマーの施設は夫のカルテを見て断ってきましたし、サンクト・ハンス病院の施設は自立した人を対象にしているということでした。

　もし、夫が自立していたら集中的なリハビリなど必要ないでしょうに。それでもあきらめずに強くお願いしてみたところ、何とか受け入れてもらえることになりました。夫が健康になるとは思っていませんでしたが、まずまずの生活ができるように少しでもよくなってほしいと考えたのです。しかし、6週間ほどリハビリをして、これ以上は無理だということになりました。また、私は1人で考えなければなりませんでした。夫のリハビリ先を探し続ける私のことを、誰もがおかしいと思っているようでした。

　その後、私自身が筋力トレーニングを始めたのですが、そのトレーニング施設で夫のことを聞いてみました。「やってみましょう」と言ってもらい、夫も始めることになりました。うまくいったのですが、長い時間彼を介助することができなかった私は、市に介助してくれな

いか聞いてみたのですが、「それはできない」とのことでした。当時、夫は50歳で、それでは年齢が高すぎるということでした。

〜 倒れる 〜

　ついに、私にも限界がきました。自分でセラピストを探して訪ねていって話を聞いてもらいましたが、とうとう完全に倒れてしまいました。夫が毎日4時間過ごしているデイセンターに私のセラピストが電話をかけてくれて、そこで週末は夫を預かってもらうことになりました。

　この時、私はすっかりまいっていました。その後半年間は毎週末に夫を預かってもらい、土曜日と日曜日の二日だけは自分の時間をつくることができました。とはいえ、ベッドの上で泣いたり、妹に電話をしたりするだけで時間が過ぎていきました。

　妹に電話をかけても彼女は自分の「病気」について話すばかりで、私には何の慰めにもなりませんでした。他にも話を聞いてもらおうと数人に連絡をしてみましたが、あれやこれやの理由で話を十分に聞いてもらうことができず、また私は世界でたった1人で取り残されたように感じました。

　立ち直るために、4万クローネ（約88万円）もの大金を費やしました。もし、私達人間が仲間の話に耳を傾けて助け合うことができたら、そんな大金を使わずに済んだのかもしれません。夫が倒れてから8年たった今でも、時々セラピストにかかっています。

　面白いことに、当時も今も、私の話を聞いてくれる余裕すらない人が、すすんで私のところに悩みを相談しに来るのです。私は、もちろ

ん喜んで耳を傾けます。話を聞いてもらうことがどんなに大切か知っているからです。

耳を傾けること

 私の話を聞いてほしいとお願いすると
 あなたは私に助言しようとする
 それは私が求めていることではない

 私の話を聞いてほしいとお願いすると
 あなたは尋ねる
 そんな気持ちになったっていいではないかと
 それは、私の気持ちを踏みつけること

 私の話を聞いてほしいとお願いすると
 悩みを解決するために
 あなたは何かをしなければ、と考える
 あなたは私を誤解している
 変に聞こえるかもしれないが

 祈りが素晴らしいのはきっと
 神が寡黙で助言しないから
 何かを解決しようとしないから
 神は耳を傾け信じる
 あなた自身が解決する、と

 だから、私の話を聞いて——私が言うことを聞いて

私に話したいと思うなら
　　　少しだけ待って
　　　あなたの番になるまで
　　　約束するわ
　　　後でしっかりあなたの話を聞くと

　当時も今も、私が信じられるのは飼っている猫だけです。いつだったか、私は王立病院から家に帰るなり、猫を腕のなかに抱いてその体に顔を埋めて泣きじゃくったことがあります。猫は頭を上げて、私の涙をなめるようにぬぐってくれました。私はいっそう大声で泣いてしまいました。唯一の慰めが猫だなんて。
　友達と信じていた人も去っていきました。何人かの友達が家に立ち寄ってくれたこともありましたが、私がもてなすことを期待しているような態度でした。しかし、私にそんな余裕はありませんでした。
　夫を家で介護していた2年間は、午前中にホームヘルパーに来てもらっていました。最後の1年間はデイセンターを利用していたので、その間は息抜きをし、しなければならない用事を済ませることができました。
　私は何度か心臓外科に入院しましたが、毎回、夫も一緒に入院しました。家に1人で置いておけないし、手伝ってくれる人がいなかったからです。誰にもそんな勇気がないようでした。2年の間、私はまるで心臓外科の回数券を持っているかのように頻繁に通っていました。心臓外科のスタッフは私を理解してくれ、私の話に耳を傾けてくれました。
　夫には、7人の兄弟姉妹がいました。休息をとってエネルギーを補給するために、「週末に夫の介護をしてほしい」と頼み込んだことも

たびたびありましたが、答えはいつも同じでした。
「いいえ、そんなことを引き受ける自信はないわ。でも、あなたにとってはそんなにたいへんなことじゃないでしょう」
　夫には最初の妻との間に３人の子どもがいましたが、夫が事故にあってからは会っていません。訪ねて来てくれて、少しの間でも夫のそばについてくれたなら、私もちょっと外に出て新鮮な空気を吸えたのに。いつも私は一人きり……少しでも来てくれたら大きな助けになったのに。
　夫が脳の損傷によって暴力的になったり、大きな物音に耐えられなくなったりするということを親戚の人達は理解してくれませんでした。彼らが私達をパーティーに招待してくれても夫が出席できないために断ることがあったのですが、その時彼らは不快感を示し、頭がおかしいのは私のほうだと言わんばかりでした。
　２年もたたないうちに私は自宅介護をあきらめましたが、その理由は私の心臓外科医にすすめられたからです。あきらめざるを得なかった私はまた孤独を感じましたが、その後に起こったことの辛さと比べると大したことはありませんでした。というのも、今度は親戚の人達が私に対して、夫の介護を放棄するなんてひどすぎると言って責めたてたのです。そして、私に電話をかけてこなくなりました。以前から夫の具合ばかりで私の様子など聞いてくれなかった親戚ではありましたが、かつてはそんなきついことは言っていませんでした。
　それ以前に一度、神経科医に家に来てもらい、夫の病気について親戚の人達に説明をしてもらったことがありました。私がいつも青あざだらけなのは、自分で転んだからではなく、夫の介護によってできたものだと話してもらいました。夫の姉の１人は、自分は病室に一度掃除をしに行ったことがあるからそんなことは知っていると言い、もう

214　高齢者の孤独――25人の高齢者が孤独について語る

周囲に見捨てられて　215

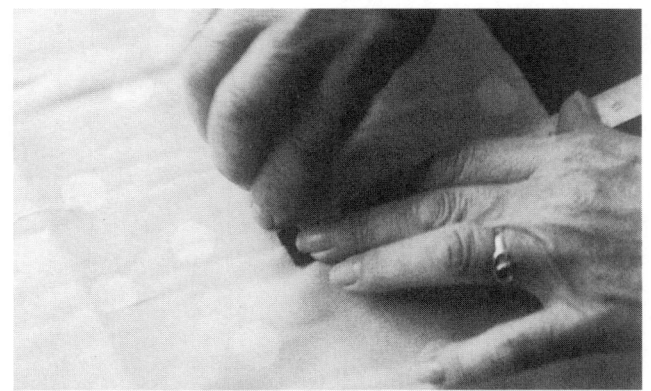

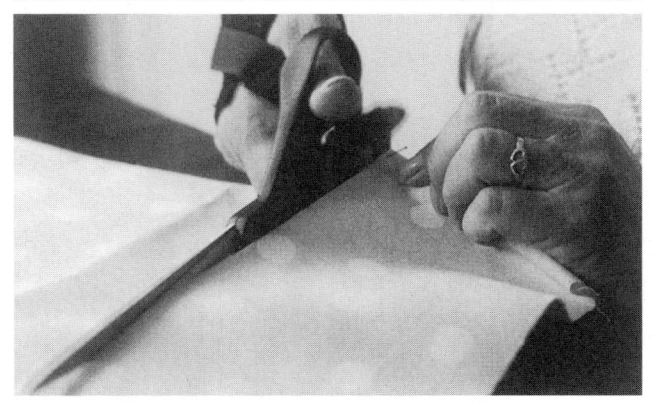

１人の姉は聞くこともせずに医者の説明中も編み物に夢中でした。

〜 ひどいと責められる 〜

　夫がナーシングホームに入った時に、また親戚との衝突がありました。私がひどいことをしているとなじり、夫に適切なケアを与えていないと責め立てたのです。そこで私は、脳損傷患者協会の協力を求めました。親戚が脳損傷患者協会に呼び出され、協会のカーステン・ランルウ氏がもう一度夫の病気について説明してくれました。それ以降、親戚から連絡はありません。

　親戚の人達は、夫の誕生日やクリスマスには訪ねてくることがありました。彼らが家に立ち寄った最後のクリスマスの日、彼らは夫の状態があまりにもよくないことを指摘し、私をまた責め始めました。そこで私は、電話番号を変えて誰にも教えないようにしました。それ以降、彼らが家に立ち寄ることはなくなりました。

　私はそれでも何とか重い腰を上げて、社会とのつながりを取り戻そうと努力しました。趣味で演劇に挑戦したり、生涯学習センターに通ったり、運動をしたり、ナーシングホームの家族組織に参加したりして、親しい友達もできました。前向きに進み、孤独から脱したいし、そうしなければならないと思っていますし、実際に孤独から少しずつ抜け出しつつあります。

　その後、夫は亡くなり、私はまったくの１人になりました。しかし、夫とは別の世界で再会できると思っています。夫と私自身の強く信じる心が自らを助けてくれました。そのような信念が、８年足らずの悪夢を切り抜ける時に計り知れないほど大きな支えとなったのです。

自然に力は
わいてこない

イーゼル・ニルスン（Edel Nielsen）
ニュボー（Nyborg）在住、1921年生まれ

私の孤独な幼少期

　私は、10人兄弟の末っ子でした。母は私が11か月の時に結核で亡くなり、デンマーク国鉄に勤務していた父が10人の子どもの世話をしました。私達は、狭い家に住んでいました。一番上の姉が18歳の時に結核に感染し、サナトリウムに入れられてからは残った姉達が家のことをするようになりました。私を養子に出さなければならなくなったのですが、引き取り手が見つからず、結局私は家に残りました。
　その後、父が再婚し、新しいお母さんができました。こんなにもたくさんの子どもがいる家庭に入るのはたいへんだったと思います。新しい母はこんな滅茶苦茶な状態の家でよく働き、私達にもとてもよくしてくれました。
　姉は、サナトリウムから帰ってくると障害者手当を受けることになりました。私の世話をするのはこの姉だったのですが、結核の感染の可能性も残っているので、姉とキスしたり抱き合ったりしないように

言われました。ほかに、私に愛情を注いでくれる人はいませんでした。父はとても忙しくしていて、私達はしつけとして何度も叩かれました。その父の態度に、子どもへの愛情は感じられませんでした。

　6歳の時に学校に通い始めました。最初の日は姉が付き添ってくれましたが、後は自分で行かなければなりませんでした。私は左耳が聞こえなかったのですが、学校の誰もがそれに気づかなかったため、私はクラスの落ちこぼれとして辛い学校生活を過ごしました。まったくひどい話でした。友達にからかわれたり、悪い成績をとったりと、学校は決して楽しいものではなく、13歳で学校を卒業した時にはホッとしたものです。

　その後、住み込みの仕事を見つけ、月15クローネの給料で働き始めました。1年後にラナス（Randers）からオーフース（Århus）に引っ越し、大邸宅の家政婦として働くことになりました。給料は、月に35クローネになりました。領事の家だったので、素敵な仕事でした。テレビドラマの『マタドーア（Matador）』(1)のアウネス役のような気分でした。テレビでドラマを観ていると、自分自身を見ているようでした。

　20歳の時に素敵な男性に出会って結婚しました。夫は素晴らしい人で、彼との結婚生活は人生で最も幸せな時でした。夫はいつも、「君は愚かじゃない、耳が聞こえないだけなんだ」と言ってくれました。ピアノが欲しいと言うと、夫は買ってくれました。ピアノを弾くのが楽しくて、その後10年間はピアノレッスンに通いました。また、夫と一緒に絵画のレッスンにも通いました。今でも私は絵画を続けており、始めてからもう16年になります。

悲しみや孤独で病気になる

　悲しみは言葉で表せるものではなく、身体で感じるものです。それは、人生を通じての闘いです。私の悲しみは、13年前に夫が血栓で亡くなった時から始まりました。その日は夜に来客があったのですが、その時は普段通りでした。寝る時も普段通りだったのですが、それから血栓が胸に来たようで、様子がおかしくなって夫は横になることもできなくなりました。私は急いで医者を呼び、夫を病院に運びました。息子も電話で呼び出し、一緒に病院に行ってくれました。

　そして、午前1時半に夫が亡くなったと医者から告げられました。それはショックでした。心の準備ができていませんでした。夫は痛みすら感じていなかったのになぜこんなことになったのか、まったく理解できませんでした。血栓が彼の胸を襲っただけなのに。しかし、その血栓は非常に大きなものだったようです。

　2人の娘は、息子から電話を受けてすぐにやって来ました。1人はコペンハーゲンから、もう1人はヴェイレ（Vejle）から飛んできました。次の朝には牧師と葬儀業者を呼び、葬儀の手配をしました。とてもたいへんだったのですが、子ども達が手伝ってくれました。

　私達は、いったいどうやってこれを乗り越えたのでしょうか。何もかも辛すぎました。その後、悲しみ、喪失感、孤独感が次々とやって来ました。20kgもやせて体調を崩し、新陳代謝がうまくいかなくなりました。病院の入退院を繰り返し、最後にはルズクービング（Rudkøbing）病院に3週間も入院しなければなりませんでした。高

---

(1) デンマークで1978年〜1981年に放映された人気テレビドラマ。

齢の女性患者ばかりで、自力で歩行できた私はいろいろと手助けをしてあげました。朝に服を着せてあげて髪をとかし、買い物に行き、笑わせようとしたりしました。友情が生まれ、それは私にとっても心の支えになりました。私が退院する時にはみんなで泣きました。いい人達ばかりなのに、病に冒されて気の毒に思いました。

　退院すると、また1人になりました。真っ昼間にベッドに横になって、ただただ泣き続けることもありました。そんなことをしていたある日、奇妙なことが起こりました。ベッドに横たわって寝室を見回すと、突然、壁に薄紫色の影が見えました。私は起き上がって何の影だろうかと確認しようとしましたが、何もありませんでした。後で知人にこの話をすると、「きっと、私を守ってくれる天使だろう」と言ってくれました。

　夫が出てきたこともあります。ある夜のこと、突然私のそばに夫が立っていたのです。私を迎えに来たのかと尋ねると、そうではなく、あの世がどんなに素晴らしいところかを私に話しに来たと言うのです。そして、夫は涙を流して姿を消しました。

　私もたくさんの涙を流しました。悲しい時に体験することやそのことについて考えることは、辛いものが多いと思います。子ども達は私に優しくしてくれましたが、その一方で、近所の人はみんな私から離れていったので落胆しました。

前に進む、でもどうやって？

　息子は、私によく次のように言いました。
「もし、何かしたいのであれば、よく調べてたくさんのことを試して

みて、どれがよいかを考えて、自分に合わないものはやめればよい」

　ある時、いいことがありました！　市が、孤独な私達に居場所となる施設を造ってくれたのです。私達は、そこでいろいろな活動を始めました。宝石細工、絵画、洋裁などの工房をつくりました。おしゃべりをして、コーヒーを飲みながら大いに楽しみました。私達はとても仲良くなり、一緒に歌を歌ったり、小さなパーティーを開いたりしました。また、演劇グループもつくり、ナーシングホームなどで公演をして回って人気を博しました。

　そうしているうちに５年が過ぎ、古い廃校が改築され、大きな部屋がたくさんできてより多くの活動が可能になりました。それによって、以前のような小ぢんまりとした心地よい親密な施設の雰囲気が失われてしまい、すっかり変わってしまいました。

　ほかにも私は、悲しい体験をした人が年齢に関係なく来ることができる自助グループを立ち上げるのにもかかわりました。悲しみを心にもった人や病人を助けるのは難しいことです。自殺した人も何人かいました。私が気にかけていて、ミーティングに来るよう誘っていたある人が自宅の地下室で首をつって自殺したこともありました。電話でそれを聞いた時は信じられませんでした。それを聞いた私は、すぐにグループの仲間のところに連絡をしに行きました。

面白い体験

　楽しい思い出としては、ある日に行ったコペンハーゲンからの電車の旅が挙げられます。いつも子どものところに遊びに行く時はぐった

222　高齢者の孤独――25人の高齢者が孤独について語る

自然に力はわいてこない　223

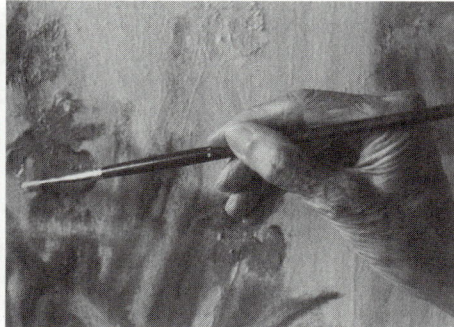

り疲れて電車のなかで寝てしまうのですが、その日もいつものようにすぐに眠ってしまい、間違った電車に乗ったことに気づきませんでした。目を覚ましてあたりを見回すと、左右に海が見えるのです。おかしいと思って、近くの乗客に尋ねました。
「今どこでしょうか？　ここがどこか分からないのですが……」
「もうすぐニュクービング・フェルスタ（Nykøbing Falster）に着きますよ」
「あらっ」と、私は言いました。
「私はニュボー（Nyborg）に行きたかったのに。まあいいわ。ここはきれいだし、駅にはラッパスイセンが咲いているわ」

その後、その若い女性は私をネストヴィズ（Næstved）行きの電車のところまで連れていってくれました。その電車に乗ると、重いカバンを持った女性がいたので手伝ってあげました。あまりにも重かったので、私はおどけて言いました。
「なかに入っているのはレンガか何かかしら？」

しかし、それは密輸品だったのです。密輸が見つかったその女性は、関税を1年かけて分割で支払い、払い終わったから品物が手元に返ってきたということでした。だから、もう商品を売ってもよいのだと言うので、私はお酒とタバコを彼女から買いました。

子ども達にこの話をすると大笑いされました。電車を間違ったおかげで、帰るのに5時間も余計に時間がかかってしまいました。

ここ11年間には、良い思い出も悲しい思い出もあります。大好きだった人をたくさん亡くして私は孤独になりましたし、その悲しみが心から消えません。私は81歳になり、明るい気持ちをもち続けようと努力しています。どんなことでも何とかなる、と思っています。私は、絵筆を取り出してイーゼルに向かって描くことで自分の気持ちをまぎ

らわせようとしています。ただ座ってブラブラしているだけでなく、何か行動を起こさなければならないのですが、この年になるとなかなか自然に力がわいてきません。

　私には子どもがいますし、与えられた楽しいこれまでの日々に感謝しています。人生において、すべてのことには意味があると思います。元気を出さなければなりませんし、自分を哀れんでいてはだめです。そんな泣き言など、誰も聞きたくないのです。

厭世家
えんせいか

プレーベン・エルメロン・ラースン（Preben Elmelund Larsen）
フーロプ（Hurup）在住、1933年生まれ

　私の妻ヴィヴィアンは、リンパ腫と糖尿病を患い、長い闘病生活の末、2001年4月30日に52歳の若さで亡くなりました。私達の結婚生活は幸せなものでした。妻は私より16歳若く、年をとったら妻が私の世話をしなければならなくなるだろうと2人でよく話したものです。しかし、現実には、銀婚式を迎えるまでにあと約1年というところで妻のほうが先に亡くなりました。

　妻がオーフース県立病院で亡くなった夜、子ども達も彼女のベッドの周りに集まっていました。すべてのことをぼんやりと霧のなかのようにしか覚えていませんが、一つだけはっきりと覚えていることは、妻が息を引き取った後に、「これからは前を見て進んでいこう」と家族に言って涙を流したことだけです。

　しかしそれは、言うは易く行うは難しでした。次の日、フーロプ（Hurup）郊外にある小さな自宅に帰ると空虚感が押し寄せてきて、自分が半人前の人間になったような感覚になりました。悲しい思いに苦しめられただけでなく、実務的・経済的な問題や手続きにも苦しめられました。葬儀業者、墓、相続裁判所、銀行などにかかわる問題で

す。

　妻の死後、しばらくの間、どのような日々を過ごしてきたかは筆舌に尽くしがたいです。例えば、静けさを打ち消そうとテレビをつけてみると、ガンに関する番組やドラマをやっていて妻の死を思い出してしまうのです。それは、耐えがたい苦しみでした。

　葬儀が終わると家には静けさが戻りましたが、子どもは心配して頻繁に連絡を入れてくれました。

　葬儀の2、3週間後、義母が電話をかけてきて、私の調子を尋ねてくれました。「あまり調子がよくない」と言うと、義母は「そろそろ立ち直ったらどうか」と言いました。私はその言葉に激しい怒りを覚えましたが、口には出しませんでした。苦しんでいる人間に対して、どうしてそんな無神経なことが言えるのでしょうか。

　孤独は、奇妙な生き物のようです。私は、自分自身と話をし始めました。私には、意見を尋ねたり、最近のニュースを話したりする相手すらいなかったのです。夜、眠れない時には、それまで聞いたこともないような音がどこからともなく聞こえてくるようになりました。私は『霊の力（Åndernes Magt）』というテレビ番組に影響され、亡くなった妻と会うことができるとあやうく信じそうになりましたが、それはありえないことだ、と思い直しました。

　1年以上もの間、本当に必要なことしかすることができず、行為麻痺になってしまったかのようでした。孤独と悲しみによって、私は何らかの行動にとりかかるということができなくなってしまったのです。

　家は、外壁も内壁も塗り替えが必要な状態なのですが、塗料を買ってから1年以上たってしまいました。庭は荒れてしまい、しっかり手をかけなければならない状態になりました。エネルギーを消耗してしまい、何もできませんでした。

228　高齢者の孤独——25人の高齢者が孤独について語る

厭世家 229

私は何時間もかけて、妻が永眠するまでに何を経験し、どんな人生を送ったのかをじっくりと考えることがあります。夜中によく目が覚めるのですが、そうするとすべてが頭のなかによみがえります。幸い、その時に再体験するのは２人のよい思い出ばかりなのです。
　実際、私達の思い出のほとんどが楽しい思い出でした。２人で過ごした人生を思い起こさせる音楽、演劇などに触れると、今でも涙が出てきます。以前の私はもっと社交的だったのですが、今はあまり人と付き合いたいと思いません。向かいの住人や私の子どもが遊びに来るように誘ってくれるのですが、私はこの小さな家と庭で過ごしている時が最も心安らかでいられます。私は、「厭世家」のようになっているのではないかと思います。
　フーロプには独身者や年金受給者を対象とした催しがたくさんありますが、あまり参加したいとは思いません。孤独は、人が自分で「選ぶ」ものだと思います。長い間仕事をし、子どもを育て、それを終えて孤独を楽しむ人もいるでしょう。人は、元気なうちは孤独を楽しんでいるように振る舞いがちです。しかし、自立した生活ができなくなった時に状況が一変するのです。
　春が近づいています。私にも少し余裕が出てきました。庭仕事もしなければなりませんし、家の塗り替えもしなければなりません。私が飼っている２頭の羊は５月に出産する予定です。また、私は自叙伝を書き始めました。完成までに長い時間がかかると思います。おそらく、数年はかかるでしょうか。そして、私は絵も描くことも楽しんでいます。だから、年金受給者クラブやビンゴクラブに行って時間をつぶさなくても、することはたくさんあるのです。

しっかりしろ、クヴィスト夫人！

ビアデ・クヴィスト（Birthe Kvist）
アアステズ（Ørsted）在住、1937年生まれ

　孤独感は奇妙で不快な感情です。1人ではなく2人でいても孤独感を感じることがあるのですが、私は2人でいる時の孤独を経験したことはありません。

　私の孤独を理解してもらうためには、過去について少し話さなければなりません。私は、16歳の時に夫と出会うまでずっと親兄弟と一緒に住んでいました。その後、17歳で結婚し、4人の子どもを産みました。ですから、2001年12月に、50年間連れ添った夫を亡くすまでは一人きりになったことがありませんでした。夫は自宅で闘病生活を送り、自宅で亡くなりました。それは辛い時期でしたが、その悲しみを乗り越えるまで、すべてを人に話すことができたのでよかったと思っています。

　私は素晴らしい子どもと孫に恵まれていますが、彼らの時間をじゃましたくないし、重荷にもなりたくありません。つまり、「ああ、また来たのか」と言われたくないのです。だから遠慮してしまうのですが、そのため、子どもや孫と会うのが少なすぎると感じています。最近の若い人は仕事と余暇の両方で忙しく、週末も自分達だけで過ごし

232　高齢者の孤独──25人の高齢者が孤独について語る

しっかりしろ、クヴィスト夫人！　233

ます。だから、私も週末は1人で過ごしています。しかし、1人で週末をやり過ごすことは難しいと感じています。

　私は、自分の母が夫を亡くして1人になった時のことを今でも覚えています。私と夫は、私の母の世話をよくしました。私も無理をしていたことがありましたが、夫は「私達もいつかは同じように年をとるのだから」と言っていました。

　高齢の人が、「土曜日と日曜日を過ごすのが辛い」と言っているのを聞いてばかばかしいと思ったことがありましたが、今はその通りだと身をもって知りました。座って空を見つめるだけで週末が過ぎていくことだってあるのです。

　特に、私が孤独で耐えられなくなるのは食事の時です。朝食のテーブルで読むために新聞を2紙買うことがよくあるのですが、それは時間をつぶすためです。以前は、朝食の時が、夫と一緒に何時間もゆっくりと過ごす楽しい時間でした。あまり話はしませんでしたが、常に2人一緒だったのです。

　今は、起きるとまず家をにぎやかにするためにラジオをつけます。それから何か用事をして体を動かしたいのですが、別に次の日でもよいのですから……言ってみればどうでもよいことです。いや、次の日、私は本当にできるのでしょうか？

　昼食を食べないこともあります。夕食は、テレビを見ながら食べます。そうすると、誰かが一緒にいるような気分になるからです。

　家族の集まりには1人で参加しなければなりません。いやはや、特に夫が亡くなってから最初に1人で参加した時は辛いものでした。今では、家族のパーティーがただ早く過ぎてほしいと願っているばかりです。2人で行くのと1人で行くのはまったく違います。1人で行くと、多くの人が私を避けているように感じられます。誰も、人間の死

や他人の悲しみや喪失について話すことができないからです。

　私には仲良しの友達がいて、辛い時には助けてもらいました。本当に素晴らしい友達です。とはいえ、私の話にうんざりしていなければよいのですが。他人に自分が経験したことを聞いてもらうというのは、とても大きな意味をもちます。

　私は高齢者問題全国連盟の地域支部に参加したり、オッドフェロー（Odd Fellow）という組織の支部に参加したりしています。そして、経済的に可能な限り旅行にも出かけます。しかし、それでも残りの長い時間を1人で過ごさなければなりません。私は、自分を必要としてくれる誰かを求めています。私がたくさんのことをしているので孤独ではないだろうと考える人もいるかもしれませんが、1日には24時間という長い時間があるのです。

　ある親切な人が私に、「森に行って大きな声を出せば、悲しみや無力感を吹き飛ばせる」と言ってくれたことがありましたが、私はそんなことをするよりも墓地に行って、「どうして私を置いて逝ってしまったの」と夫をなじっています。金婚式を迎えることをあれほど楽しみにしていたのに、先に逝くなんてひどいと夫を責めています。

　残されたのは思い出です。私は思い出を大切にしていますが、少し心にしまっておいて、前を向いて歩いていくことを心掛けたいと思います。私は、何千回も自分に言っています。
「しっかりしろ、クヴィスト夫人、前を向くんだ！」と。

編者あとがき

悲しみによる孤独——人とかかわることへの恐れ

　2003年４月のイースター休暇のことですが、「ポリチケン紙」[1]のオピニオン欄に、悲しみと悲しんでいる人に対する人間の反応について記事を書いたことがあります。とりわけ、両親を亡くした子どもの自助グループをもっとつくらなければならないことを主張しました。その記事に対してかなりの反応があったのですが、ある女性から来た手紙が特に印象的でした。本人から許可をもらったので、ここに引用します。

> 　本当に残念なことですが、子どもに対するサポートの必要性はいまだに大きいと言えます。そのような支援に対して社会が投資をすることには大きな価値がある（経済的にも）のに、それがまだ一般的に認識されていません。長い目で見ると、そのような子どもを放置することで事態が深刻になってしまいます。そのよい例が私です。
> 　私は10歳の時に母を亡くしました。自殺でした。その時に私

が聞かされたのは、母は死んで二度と家に帰ってこないということだけで、それ以上の説明は誰からもしてもらえませんでした。自殺ですから、なおいっそう話すことがタブーとなったのです。母がいなくなっても、日々はそれまで通りに過ぎていきました。表面的には。

　これはかなり昔の出来事ですが、私は今でもそのことと内面で闘っています。私は大人になりましたが、魂は年を重ねるごとにえぐりとられていくようです。喜びの感情をもてず、怒り、特に自分に対する怒りで心がいっぱいになってしまいます。人と親しくなったり、人に手を差し伸べたり、心を開いたり、人を好きになったり、受容したりということがなかなかうまくできません。誰かが私を好きになるということは、私がその人に何かをしてあげたりしない限り考えられないと思ってしまいます。そして、自分が常に未熟でいたらない人間だと考えてしまい、そのため、何かを失ったりするのではないか、置き去りにされるのではないかという恐怖が絶えずつきまとっています。

　私は他人の人生から10歩は距離を置いて離れようとしていますし、人が手を差し伸べても近寄りすぎないようにしてしまいます。それほど恐怖心が大きく、自分には愛される価値などはないと考えてしまうのです。最も辛いのは、私を求めてくれる人を傷つけてしまうことです。これらはすべて、子ども時代に自分が周囲に置き去りにされ、悶々としたあの経験に派生する孤独感のせいなのです。

　これは悲しい話ですが、私が強調したいのは、子どもが自分で

---

(1) 〈Politiken〉デンマークの大手全国紙。

> どうすればよいのか分からない状況に放っておかれることが、その子どもの人生にどれほどの打撃を与えるかということです。人間の人生のなかで最も重要である自己価値感と、人とかかわる力とを深く傷つけるのです。
>
> 　ここまで生きてくるのは、私にとってとても長くて苦しいプロセスでした。悶々と悩み続けることで、個々の人間の人生の質まで低下してしまいます。だからこそ、あなたが取り組んでいることが重要だと思うのです。子ども達が今でも孤独に苦しんでいることを聞くと、心が引き裂かれるような気持ちになります。この30年間、もっと対策がなされるべきだったと思います。私も何かしたいと思うのですが、あなたのように、悲しんでいる子ども達のために何かをしている人達全員を支援することはできません。あなたのような取り組みは現代を生きる子ども達のためになると思いますが、それ以外の私達のためにもなるのです。口をつぐむのをやめること、そして自分の影のようにいつもつきまとう孤独を解消すること。それが必要なのです。

　この手紙が示唆しているのは、今ここで何かをしなければ孤独な人をさらに生み出してしまうということだと思います。私達は、まさに全力をあげて孤独な人に手を差し伸べようとしています。早いうちに対処すること。世間に知らせること。議論すること。

　私は、実際に何度も経験しているのですが、議論することによって人の考え方は変わります。子ども時代に端を発する深刻で耐えがたい孤独感。これに対する考え方も、そのような形で変えていかなければならないと思います。

ピーダ・オーレスン（Peter Olesen）

訳者あとがき

　デンマークやスウェーデンのような北欧の先進的な福祉制度は、日本でもよく紹介されており、歴史的・文化的差異を踏まえたうえで、日本が北欧社会やその取り組みから何が学べ、何を取り入れられるかといった視点で論じられることが多いように思われます。しかし、そのようなマクロ的な視点で社会を概観するだけでは、その社会で生きている人々の生活実態や内面がなかなか浮かび上がってきません。そのような問題意識もあって、訳者は暇を見つけてデンマークに渡っては人々（とりわけ高齢者）と直接話をし、比較的長い時間を一緒に過ごして生活全体を捉え、その人がどのような思いでどのように日々を暮らしているのかを理解しようとする試みを細々と続けています。
　しかし、それでも高齢者の心に秘めた悲しみ、苦しみ、せつなさといった感情は、なかなか外部に向かって吐露されるものではないでしょう。その思いが深刻であればあるほど、簡単には他者に話せないものだと思います。本書は、まさにそのような人間の悲しみや喪失を自らが語った手記を集めたシリーズ（「悲しみと喪失のシリーズ（Serie om sorg og savn）」）のなかの1冊『高齢者の孤独（Ældre om ensomhed）』

を翻訳したものです。

　25人のデンマーク人が自らの孤独というたいへん重苦しいテーマについて語っていますが、そこで明らかになっているのは、今まではなかなか日本に伝わることのなかったデンマーク人の心の奥底の部分です。この本を読んだ方が、25人の著者の感じる孤独や生き方に共感する部分もあるでしょうし、孤独の感じ方や対処の仕方に日本と違うデンマーク的なものを感じられる部分もあるかもしれません。つまり、読者の方々は、国境を超えて人間の生き方、他人との関わり方などを再考するきっかけを与えられることでしょう。

　心の闇の部分に焦点をあてることによって、社会をより良く変えていくための議論の種をまくことをも一つの目的としているこの「悲しみと喪失のシリーズ」は、デンマークでも高い評価を受けており、たいへん貴重で価値ある企画と言えるでしょう。

　原著では、末尾に謝辞と関係諸機関連絡先リスト（デンマークで友愛訪問など孤独な高齢者を援助する活動を行っているボランティア組織9か所を掲載）が付けられていましたが、日本語版に翻訳するにあたり、削らせていただいたことをお断りしておきます。なお、日本では、高齢者に対する友愛訪問などに関する情報は、それぞれの地域の社会福祉協議会が把握していることが多いので、そちらに問い合わせていただけるとよいでしょう。

　この本の翻訳にあたっては、たいへん多くの方にお世話になりました。大阪外国語大学（現大阪大学）名誉教授の菅原邦城先生には訳語について助言をいただきました。地名・人名などの固有名詞のカナ表記については、大阪大学世界言語センターの新谷俊裕教授にご指導いただきました。ベンテ・ホイロン（Bente Høilund）氏とマーチン・

パルダン＝ミュラー（Martin Paludan-Müller）氏には、内容について多くの助言をいただきました。また、新評論の武市一幸氏にはなかなか進まない翻訳作業に辛抱強くお付き合いいただきました。お世話になった方々に、ここで改めて深くお礼を申し上げます。

2008年2月

石黒　暢

訳者紹介

石黒　暢（いしぐろ・のぶ）
1993年　大阪外国語大学外国語学部デンマーク語・スウェーデン語学科卒業。
1995年　同志社大学大学院文学研究科社会福祉学専攻博士前期課程修了。
現在、大阪大学 世界言語研究センター准教授
専門：高齢者福祉論
主な著書：『世界の社会福祉⑥─デンマーク・ノルウェー』旬報社、1999年（共著）、ヤン・ポールソン著『新しい高齢者住宅と環境─スウェーデンの歴史と事例に学ぶ』鹿島出版会、2000年（翻訳）、『スウェーデンの家族とパートナー関係』青木書店、2004年（共著）

シリーズ　デンマークの悲しみと喪失

高齢者の孤独
── 25人の高齢者が孤独について語る ──

2008年3月15日　初版第1刷発行

訳　者　石黒　暢
発行者　武市　一幸
発行所　株式会社　新評論

〒169-0051
東京都新宿区西早稲田3-16-28

電話　03(3202)7391
振替　00160-1-113487
http://www.shinhyoron.co.jp

定価はカバーに表示してあります。
落丁・乱丁本はお取り替えします。

装丁　山田　英春
印刷　フォレスト
製本　桂川製本

©石黒　暢　2008

ISBN978-4-7948-0761-8
Printed in Japan

■新評論好評既刊　　高齢者ケア・社会福祉を考える本

西下彰俊
スウェーデンの高齢者ケア
その光と影を追って

福祉先進国の高齢者ケアの実情解明を通して日本の課題を探る。
[A5上製　260頁　2625円　ISBN978-4-7948-0744-1]

P.ブルーメー＆P.ヨンソン／石原俊時　訳
スウェーデンの高齢者福祉
過去・現在・未来

200年にわたる高齢者福祉の歩みを辿り，この国の未来を展望する。
[四六上製　188頁　2100円　ISBN4-7948-0665-5]

松岡洋子
デンマークの高齢者福祉と地域居住
最期まで住み切る住宅力・ケア力・地域力

住み慣れた地域で最期まで！デンマーク流最新"地域居住"の実像。
[四六上製　384頁　3360円　ISBN4-7948-0676-0]

朝野賢司・生田京子・西英子・原田亜紀子・福島容子
デンマークのユーザー・デモクラシー
福祉・環境・まちづくりからみる地方分権社会

若手研究者が見た，独自の「利用者民主主義」と参加型社会の実情。
[四六上製　358頁　3150円　ISBN4-7948-0655-8]

山浦正昭／絵＝山浦敬子
夫婦で歩き描いた ヨーロッパ縦断4000km

規格外れの夫婦が徒歩の旅を通して語る"セルフライフ"のすすめ。
[四六並製　248頁　1890円　ISBN4-7948-0701-5]

＊表示価格はすべて消費税込みの定価です。